中国经济崛起之路：
成功跨越中等收入陷阱

王冬放　著

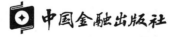
中国金融出版社

责任编辑：方　蔚
责任校对：孙　蕊
责任印制：陈晓川

图书在版编目（CIP）数据

中国经济崛起之路：成功跨越中等收入陷阱 /王冬放著．—北京：中国金
融出版社，2020.11

ISBN 978 – 7 – 5220 – 0814 – 1

Ⅰ.①中⋯　Ⅱ.①王⋯　Ⅲ.①中国经济—经济发展—研究　Ⅳ.①F124

中国版本图书馆 CIP 数据核字（2020）第 175580 号

中国经济崛起之路：成功跨越中等收入陷阱
ZHONGGUO JINGJI JUEQI ZHI LU：CHENGGONG KUAYUE ZHONGDENG SHOURU XIANJING

出版
发行　**中国金融出版社**

社址　北京市丰台区益泽路 2 号
市场开发部　（010)66024766，63805472，63439533（传真）
网 上 书 店　http：//www.chinafph.com
　　　　　　（010)66024766，63372837（传真）
读者服务部　（010)66070833，62568380
邮编　100071
经销　新华书店
印刷　北京市松源印刷有限公司
尺寸　169 毫米×239 毫米
印张　13
字数　211 千
版次　2020 年 11 月第 1 版
印次　2020 年 11 月第 1 次印刷
定价　58.00 元
ISBN 978 – 7 – 5220 – 0814 – 1
如出现印装错误本社负责调换　联系电话(010)63263947

序

改革开放以来，我国经济发展取得举世瞩目的巨大成就，2010 年发展成为世界第二大经济体，2019 年人均国民收入超过 1 万美元，完成具有划时代意义的伟大壮举。实现"两个一百年"目标和中华民族伟大复兴，需要继续保持国民经济高质量增长，成功跨越中等收入陷阱。研究我国如何顺利进入世界银行划定的高收入经济体行列，是具有理论意义和现实意义的重要课题。

王冬放在博士毕业论文基础上撰写学术著作《中国经济崛起之路：成功跨越中等收入陷阱》，系统分析了中等收入陷阱问题实质与我国跨越中等收入陷阱面临的现实问题，并且结合我国实际情况提出合理应对的策略，体现了较高的学术造诣。全书主要分为四个部分：第一部分重点梳理了中等收入陷阱问题的提出与发展概况，结合各种学术理论与当前研究进展，总结出影响跨越中等收入陷阱问题的基本因素。第二部分结合我国发展实际分析跨越中等收入陷阱的现实情况，着重研究当前面临的问题与跨越中等收入陷阱的优势。第三部分根据发展现实情况提出突破制约发展的因素以及成功跨越中等收入陷阱的策略。第四部分对于我国跨越中等收入陷阱的前景进行了客观分析，同时结合当前情况提出如何应对风险性问题并且给出相关应对政策措施。

细细读来，全书具有以下特点：

第一，研究思路清晰。世界银行十多年前开始提出中等收入陷阱问题并且逐步引起多方注意，但是从经济史视角来看，多数中等收入国家在工业革命开始时期就未达到以及超越当今发达国家经济发展水平，甚至在其后发展过程中越落越远。全书从历史发展角度进行分析，提出自身研究看法，具有清晰思考脉络。

第二，理论基础扎实。跨越中等收入陷阱问题事关一个国家总体发展进程，是探索宏观经济增长方面比较现实的研究课题。研究成功跨越中等收入陷阱，书中提出需要平衡增长、质量与风险关系，提高经济发展效率，科学防控通货膨胀与防止本币剧烈贬值，合理解决收入分配公平与效率问题，加强产业结构的合理化与高度化，提升国际产业链地位与促进科技创新，适应经济全球化与政治复杂化。2016 年王冬放博士的论文中提出的一系列观点具有很强的前瞻意义，比如，关注汇率波动问题，防止本币贬值；考虑中美关系问题，防止经济摩擦；如何应对经济全球化与政治复杂化；等等。全书在分析这些现实问题过程中，充分运用经济理论进行支撑，能够做到理论联系实际，体现作者具有比较深厚的学术理论水平。

第三，时代特色鲜明。2010 年我国人均收入水平达到世界银行划定的高中等收入标准以后，如何继续发展成为重要现实问题，实现"两个一百年"目标要求我国必须保持经济持续稳定发展，研究跨越中等收入陷阱问题本身具有鲜明时代特色。同时，当前国际国内形势跌宕起伏，全书紧跟时代发展，结合博士毕业论文深入分析近年显现的各种经济领域问题，体现作者对于现实问题的深入思考。

王冬放博士是我的学生，平日勤于思考，乐于钻研。我相信，《中国经济崛起之路：成功跨越中等收入陷阱》一书的出版，对于研究我国成功跨越中等收入陷阱问题将会产生积极影响。冬放请我为本书作序，作为导师我非常高兴，聊赘数语为序，并且希望冬放将来继续以钻研学术为乐，百尺竿头更进一步。

中共中央党校　杨秋宝
2020 年 6 月

前　言

2019 年中国人均 GDP 首次突破 1 万美元，这是人类经济发展史上具有划时代意义的重要事件。这一壮举使得全球人均 GDP 达到 1 万美元的人口数量翻一番，由 15 亿左右增至将近 30 亿，对于世界和中国经济发展具有重要战略意义。作为经济总量全球第二、经济增长贡献率全球第一的经济体，经济发展达到这一水平后，我国对世界经济的增长方向、格局、动能等将产生深远影响，自身发展也面临新的路径与挑战。保持继续发展，以人均 GDP 衡量，中国下一步亟须突破的增长目标就是到达世界银行最近高收入标准 12375 美元，即进入全球高收入经济体行列，从而顺利跨越中等收入陷阱。因此，中国当前的经济发展问题，从阶段性分析，就是成功跨越中等收入陷阱。虽然从量变角度看仅仅是增长 2000 多美元的问题，但是从质变角度来看，它涉及了如何顺利跨越中等收入陷阱这一世界性难题。毕竟，举世公认能够成功跨越中等收入陷阱的国家寥寥无几。

世界银行按照各国的人均收入对经济发展水平进行分组，并且根据情况进行动态调整。通常将世界各国分成三组，即低收入国家、中等收入国家和高收入国家，其中中等收入国家又分为低中等收入国家和高中等收入国家。按照世界银行 2010 年[①]的标准，人均国民收入 995 美元及以下的国家，为低收入国家；人均国民收入从 996 美元到 12195 美元为中等收入国家，又分为两个层次：从 996 美元到 3945 美元为低中等收入国家，介于 3946 美元到 12195 美元之间为高中等收入国家；高收入国家人均收入为 12196 美元及以上。[②] 中等收入就是世界银行根据自身判定认

[①]　2010 年中国"十二五"开始规划，并且达到世界银行高中等收入国家水平。

[②]　世界银行：http://data.worldbank.org.cn/.

为处于世界整体中间收入水平的部分，中等收入国家即人均收入水平处于世界银行划定中等收入水平范围内的国家，包括了世界上半数左右的经济体。许多国家的经济发展实践表明，当一国人均国民收入步入中等收入区间时，一部分国家为了进一步发展，会通过技术和制度创新等方式继续向高收入水平迈进；而另一部分国家则会长期在中等收入区间徘徊，甚至出现发展停滞或者倒退的现象，这一情况被经济学家称为"中等收入陷阱"。世界银行指出1997年亚洲金融危机使"亚洲四小龙"等经济体的结构性缺陷完全暴露出来，许多学者甚至认为这场经济危机将和拉美国家在20世纪80年代中期遭遇到严重债务危机之后历经多年的困境一样，使经济陷入停滞不前状态。但是1998年之后，东亚地区的新兴市场经济体复苏与增长非常强劲，2005年东亚地区的经济规模重新占到全球经济的40%左右。东亚地区经济体跨越中等收入陷阱，是要成功完成战略转型向高收入国家行列迈进。2007年，世界银行对金融危机过后的亚洲国家经济发展前景进行研究预测，并发布了《东亚复兴：关于经济增长的观点》及《东亚与太平洋地区报告：危机10年后的状况》①两份研究报告。报告指出，历史显示，许多经济体通常都能够持续发展并较快地达到中等收入的发展阶段，但是此后发展会面临多重问题，只有很少的国家能够跨越这个阶段，因为要实现成功跨越，各个经济体必须在技术、政治和社会等方面制定更加合理的政策和继续完善相关制度。

对于潜在中等收入陷阱问题与成功跨越中等收入陷阱策略，中国很早就给予高度重视。2014年6月，国务院总理李克强在中国科学院第十七次院士大会和中国工程院第十二次院士大会上作经济形势报告时提到，"我们完全有条件、有能力在过去三十多年快速增长的基础上，跨越中等收入陷阱，继续保持较长时期的中高速增长"，表明中国从政府层面对于中等收入陷阱问题存在与否以及中国相关情况已经基本确定方向，较多研究成果开始集中在如何跨越中等收入陷阱与进一步促进经济发展

---

① 世界银行：http://data.worldbank.org.cn/.

层面。2014年11月，习近平总书记同工商咨询理事会代表对话，关于中国能否跨越中等收入陷阱，习近平总书记认为对于中国而言，"中等收入陷阱过是肯定要过去的，关键是什么时候迈过去、迈过去以后如何更好向前发展。我们有信心在改革发展稳定之间，以及稳增长、调结构、惠民生、促改革之间找到平衡点，使中国经济行稳致远"。并且，国家在重要工作报告总体部署中指出，"化解各种矛盾和风险，跨越中等收入陷阱，实现现代化，根本要靠发展，发展必须有合理的增长速度"，从国家角度提出了跨越中等收入陷阱问题。中国目前作为世界第二大经济体，成功跨越中等收入陷阱与否对于中国以及世界都有着重要意义。

关于中国经济发展与跨越中等收入陷阱的论述，本书分为四个部分共十二章。第一部分包括两章，主要梳理了中等收入陷阱问题的提出与发展。第一章研究了中等收入陷阱问题总体情况，从中等收入陷阱问题的提出开始分析，研究经济史等视角下中等收入陷阱的实质和各种问题叠加导致的经济增长停滞，论述谋求发展转型取得赶超式发展是跨越中等收入陷阱的关键，在此基础上加入了长期陷入中等收入陷阱与成功跨越中等收入陷阱的例证研究，为进一步说明本书观点提供对比的实例。第二章结合各种理论与当前的发展实践，总结出影响跨越中等收入陷阱问题的基本因素。本书认为，保持经济持续稳定增长、科学调控通货膨胀、防止本币剧烈贬值、促进收入合理分配、选择适当发展战略与推进技术进步等方面是重点研究方向，中国在成功跨越中等收入陷阱进程中对于这些方面必须给予高度重视。

第二部分包括三章，主要结合中国发展实际提出了跨越中等收入陷阱的现实情况，重点分析了面临的问题与跨越的优势。第三章论述了中国经济发展的阶段与现实问题，首先分析中国经济发展阶段，其次从历史发展角度分析了中国经济发展的历程与当前的现状，最后总结了发展面临的问题，如结构性矛盾、转型发展、增长动力、体制改革等问题。第四章从当前发展实际阶段开始分析，提出中国跨越中等收入陷阱的现实动力，工业化与城镇化的重要推动作用释放巨大增长潜力，有助于成功跨越中等收入陷阱。由于中国工业化与城镇化尚未完成，工业化与城镇化蕴含着巨大经济增长空间，因此可以依托工业化与城镇化实现经济持续增长。第五章结合当前发展阶段分析了中国经济增长制度动力，首先分析中国改革历程，论述改革对于经济增长的促进作用；其次提出继续改革是经济持续健康发展的制度动力，促进中国成功跨越中等收入陷阱。

第三部分包括五章，结合中国发展情况提出突破制约的因素以及成功跨越中等收入陷阱的策略。第六章阐述了经济增长理论中国化实践，提出成功跨越中等收入陷阱需要提高经济增长质量，必须合理平衡增长、质量与风险的关系提高经济发展效率，科学选择适合中国当今发展阶段的经济道路。第七章论述了通货膨胀、汇率波动与经济发展的关系，提出防控通货膨胀与防止本币剧烈贬值是保持经济增长的重要措施，跨越中等收入陷阱需要采取相应的应对策略。第八章分析合理收入分配的作用及相关理论，提出收入分配情况切实影响经济增长与发展质量，并给出了促进公平分配的对策。第九章结合世界其他国家的产业发展情况提出需要选择适合本国的产业道路与模式，加强产业合理化与高度化，提升国际产业链地位与促进科技创新，并且根据国家资源禀赋进行相对优势发展可以获得更大增长空间。第十章进一步拓展视角，提出中国的发展不仅仅是自身问题，作为世界上最有影响力的大国之一，中国必须认真面对经济与政治的博弈，适应经济全球化与政治复杂化，提高国际经济地位与国际竞争力，进而成功跨越中等收入陷阱。

第四部分包括两章，对于中国跨越中等收入陷阱的前景进行了基本分析，同时，结合当前的现实情况提出了应对风险性问题的相关思考。第十一章主要分析了新常态下经济增长情况并研究了跨越中等收入陷阱的进程。第十二章重点考虑中国经济发展与跨越中等收入陷阱的风险因素，提出如何应对"黑天鹅"事件和修昔底德陷阱的思路。并且，结合"黑天鹅"事件和修昔底德陷阱再次着重分析了货币政策的合理运用问题。

目　　录

第四篇　跨越中等收入陷阱的进程与风险分析

第一篇

中等收入陷阱问题的提出与研究概况

第一章　中等收入陷阱问题的提出与实质

　　世界银行每年都会按照人均国民收入对世界各个经济体的经济发展水平进行分组，通常分为三个档次，即低收入国家、中等收入国家和高收入国家，中等收入国家又分为低中等收入国家和高中等收入国家。根据世界各个经济体的发展状况，世界银行会对各个收入水平区间的界限数值进行动态调整。根据世界银行公布的最新标准，人均国民收入 1025 美元及以下的国家，被划为低收入国家；人均国民收入从 1026 美元到 12375 美元划为中等收入国家，并且中等收入国家分为两个层次：从 1026 美元到 3995 美元为低中等收入国家，从 3996 美元到 12375 美元为高中等收入国家；高收入国家为人均国民收入 12376 美元及以上。① 多数经济体的发展实践表明，当人均国民收入进入中等收入水平区间时，一部分经济体会通过技术进步和制度创新等方式继续向高收入水平迈进；而另一部分经济体则会长期在中等收入水平区间徘徊，甚至出现经济发展停滞或倒退的现象，这一现象被称为"中等收入陷阱"，并且在世界上得到越来越多的普遍共识。

　　中国人均国民收入自 2010 年达到世界银行划定的高中等收入国家水平以来，经济持续较快发展，经济总量已经成功超越日本，成为世界上仅次于美国的第二大经济体，经济发展形势良好。但是同时也应看到，近期中国经济增速开始放缓，几年来基本保持在 6% 至 7%，经济发展步入新常态。为此，对于中国经济发展而言，有多大概率会陷入中等收入陷阱，是一个意义深刻的研究课题。包括中国在内的亚洲新兴经济体在经过几十年高速发展后，已经同拉美主要国家处于大致相同的发展阶段。根据世界银行的标准，2010 年中国人均国内生产总值为 4500 美元左右，开始进入高中等收入国家的行列，与此同时，中国如今正面临着经济增长放缓的中等收入陷阱考验。从世界不同经济体的发展情况来看，在进入中等收入国家行列特别是高中等收入水平之后，各个经济体的发展路径不尽相同：一些经济体通过调结构、提效率成功实现转型，最终进入高收入国家行列；另外一些经济体则经济发展长期徘徊在一个区间，人民生活水平不能明显提高，有时甚至发生社会动荡。中国作为世界大国，能否顺利实现从中等收入国家

———————————

　　① 世界银行：http://data.worldbank.org.cn/.

进入高收入国家行列，已经成为国内外研究机构、学术界和财经媒体等关注的一个热点议题。并且，从社会发展角度看，中国已经步入高中等收入国家的行列，是否会出现这一发展进程中的现象，或者说能否顺利跨越这一"陷阱"，将直接决定着中国未来一段时期内的发展态势和社会稳定。

一、中等收入陷阱问题综述

从经济学研究角度看，中等收入陷阱现象的出现由来已久，拉美国家几十年的经济发展波动被认为是典型的中等收入陷阱问题，在中等收入陷阱概念未流行时称为"拉美陷阱"。对于中等收入陷阱这一说法的明确及系统研究只有十多年的发展过程，相关研究也处于逐步深入之中。2007 年，世界银行在《东亚复兴：关于经济增长的观点》中提出了中等收入陷阱问题，[①] 认为：中等收入陷阱是一种经济发展的停滞徘徊期，在这一期间内，经济体的经济发展战略只能适用于从低收入经济体成长为中等收入经济体，而对于它们向高收入经济体攀升是不能重复使用的，因此进一步的经济增长被原有的增长机制锁定，人均国民收入难以突破 1 万美元以上，从而导致经济停滞。世界银行及相关专家提出这一问题的主要根据是拉美、东亚等经济体发展道路的成功经验与失败教训。

拉美一些主要国家人均国民收入很快达到 1000 美元，脱离了贫困陷阱，进入到低中等收入国家行列；进而通过继续发展人均国民收入普遍达到 4000 美元左右，进入到高中等收入国家行列。但是在此后的一段时间里，拉美各国经济增长出现各种各样的问题，人均国民收入一直难以超过 1 万美元，到 2010 年，巴西人均国民收入为 9520 美元，墨西哥人均国民收入为 8730 美元。[②] 截至 2015 年底，拉美地区国家陷入中等收入陷阱时间平均在 40 年左右，多数国家至今仍未成功跨越中等收入陷阱。对于这种经济发展到一定水平后经济增长长期停滞不前的现象，称为"拉美现象"。

2007 年，世界银行在《东亚复兴：关于经济增长的观点》中同时指出：亚洲金融危机使亚洲一些经济体的结构性缺陷充分暴露出来，相较于 20 世纪 80 年代中期拉美地区国家遭遇债务危机的经济困境，亚洲部分经济体也可能陷入比较严重的经济危机。但是 1998 年之后，东亚地区新兴国家经济

---

① 印德尔米特·吉尔，霍米·卡拉斯等. 东亚复兴：关于经济增长的观点 [M]. 北京：中信出版社，2010：18.

② 国家统计局：http://www.stats.gov.cn/.

增长非常强劲，2005 年东亚经济体国民生产总值重新占到全球经济的 40%左右。部分东亚经济体从世界银行定义的中等收入水平继续前进，顺利跨越中等收入陷阱，成功经验就是合理完成了发展战略转型。① 世界银行对金融危机过后的亚洲经济体发展前景进行了分析预测，发布了《东亚复兴：关于经济增长的观点》以及《东亚与太平洋地区报告：危机 10 年后的状况》，指出：根据历史分析，许多经济体通常都能够迅速地达到中等收入发展阶段，但是只有较少的国家能够成功跨越这个阶段进一步发展，因为要成功实现跨越，必须在技术、政治和社会等多方面完善相关政策和制度。

世界银行对东亚经济体提出中等收入陷阱问题后，引起了东亚相关经济体的高度重视。印度尼西亚、马来西亚、越南等国根据自身情况分别提出适合自己的发展计划；日本、韩国等国即便成功跨越中等收入陷阱仍同样继续完善自己的经济发展结构。中国自改革开放以来，年均经济增长率接近 10% ，② 2010 年达到高中等收入水平，人均国民收入为 4550 美元，2011 年为人均国民收入 5618 美元，2012 年人均国民收入为 6317 美元，2015 年人均国民收入为 8066 美元，2017 年人均国民收入为 8879 美元，基本上每年一个新台阶，直到 2019 年人均国民收入突破重要关口，超过 1 万美元，达到 10262 美元，③ 经济不断发展但是一直处于中等收入偏上区间，已经开始面临中等收入陷阱问题，必须充分重视与合理应对这一情况。正如 20 世纪初期政府已经认识到中国经济发展前景的两种可能性：一种可能性是顺利实现工业化、现代化，进入发达国家的行列；另一种可能性就是经济长期缓慢发展或是停滞不前，甚至出现社会动荡和倒退，即落入当前各国重点研究的"中等收入陷阱"。因此，中国经济在发展过程中如何避免落入中等收入陷阱，确保经济增长进程保持持续稳定，早日进入高收入国家之列，是当前经济领域一个重要的研究课题。

二、典型国家概况

世界银行提出与关注中等收入陷阱问题以来，世行与各国政府、学者对于长期陷入中等收入陷阱与成功跨越中等收入陷阱的典型国家情况进行

---

① 印德尔米特·吉尔，霍米·卡拉斯，等. 东亚复兴：关于经济增长的观点 [M]. 北京：中信出版社，2010：44 –79.

② 国家统计局：http：//www. stats. gov. cn/.

③ 世界银行：http：//data. worldbank. org. cn/.

了充分研究与分析，为合理应对中等收入陷阱提供了重要的借鉴。

（一）长期陷入中等收入陷阱国家例证

世界银行在 2007 年发表题为《东亚复兴：关于经济增长的观点》的研究报告中提出中等收入陷阱问题，但是包括世界银行在内的多数研究机构与经济学者都承认发生这一问题较早及典型的国家多在拉美地区，长期陷入中等收入陷阱的拉美国家为研究跨越中等收入陷阱提供了丰富的素材。

拉美是较早进入中等收入水平的地区，由于后续经济发展道路选择原因，经济与社会发展失衡，两极分化严重，国家经济与政治发展缓慢，甚至不时陷入社会动荡，进而严重影响经济发展，成为陷入中等收入陷阱典型地区。[①] 拉美国家陷入中等收入陷阱的经验教训具有明显示范意义，非常值得研究与借鉴，对于包括中国在内的大多数需要迈向高收入行列经济体有着重要启示。拉美国家人均国民收入达到 1000 美元以后，为了继续快速发展，主要奉行"重增长、轻分配"的新自由主义模式，结果虽然很快达到人均国民收入 3000 ~ 4000 美元中等收入发展阶段，但是收入分配和社会保障制度滞后，国家经济发展模式选择失误，人均国民收入长期停滞与徘徊在不足 1 万美元阶段，对于自身以及其他国家而言教训深刻。

陷入中等收入陷阱对于一个国家来说，是发展过程中多种原因交织的综合性问题，经济发展停滞与波动是主要表象，背后同时隐含着多重复杂因素，拉美国家的情况为当今各国提供了重要借鉴。

第一，经济发展战略与政策失当。拉美国家过去由于多种有利因素作用，出现过一段经济快速发展的时期，一度是世界经济发展的重要一环，阿根廷曾经成为世界最富有的国家之一。此后，借助经济发展的惯性，拉美一些国家建立起自身相对完整的工业体系，包括部分重化工业在内的多种产业得到较快发展，成为新兴工业化国家。但是因为拉美国家相对较早进入中等收入水平，多数国家没有认清继续发展的方向，墨守成规，导致经济发展徘徊不前，成为陷入中等收入陷阱典型国家。一是长期错误的进口替代发展战略。进口替代战略在拉美国家早期工业化发展阶段起到了重要的推动作用，极大促进了本国经济发展，加快了基础设施建设，拉动内需刺激经济增长，并且工业化发展同时提高了城市化进程，这一阶段的拉

① 郑秉文. 中等收入陷阱：来自拉丁美洲的案例研究 [M]. 北京：当代世界出版社，2012：89 – 120.

美发展战略是成功的。但是，进入世界总体发展的中等收入水平后，拉美国家继续抱守进口替代战略，在战略转型期错失继续发展的机会，最终结果就是在世界产业链中地位不断下沉，经济发展状况持续恶化。二是没有节制的新自由主义经济政策。自从资本主义经济大危机以来凯恩斯主义成为应对问题的重要手段，没有国家干预的总体经济发展必然导致经济出现问题，偏差不能得到及时修正，引起经济混乱。拉美国家在这一阶段恰恰实施过度新自由主义经济政策，没有进口限制的贸易自由化，完全的金融资本市场化与自由化，导致国家外债剧增、通货膨胀严重、本国产业受到重创，后期即使国家希望采取干预手段也无能为力，受到国外经济打击与制约，最终导致经济产生重大危机。

第二，政治与社会管理出现混乱。拉美国家经济领域的严重问题不仅仅是由于单纯的经济发展原因造成的，其背后蕴含着复杂的政治与社会因素，为各国今后的发展提供了很好的借鉴。一是民主与独裁交替，顶层政治领域开始出现混乱。多数拉美国家受到西方民主思想影响，经常发起民主运动，建立起民主政权。但是由于多种因素经常出现独裁政府、强人政治等现象，导致政治领域时常出现严重问题，进而传导至经济领域，影响经济发展。二是政府管理水平出现问题，部分官员贪腐严重，导致政治经济受损。在拉美国家高层政治领域动荡中，各级政府管理水平很难适应现代化发展潮流，政府公共管理职能缺失；同时，由于存在系统性制度问题，导致相当一部分官员存在贪腐情况，进而极大影响了国家宏观与微观层面的经济发展。三是社会分配不均，福利保障过度，导致经济发展失衡。拉美国家在经济发展较快的时期严重忽视了分配领域中出现的问题，导致社会各个阶层收入差距过大，贫富不均，各国基尼系数都曾长期高于国际公认警戒线，至今仍是世界贫富差距较大的地区之一。在认识到收入问题以后，拉美国家又开始矫枉过正，运用了过度福利政策，与本国经济发展水平不匹配，超越了本国能够承受的范围，进而影响到经济平稳顺利运行。四是工业化与城市化匹配失调，导致经济领域结构失衡与效率低下。拉美国家虽然经济发展水平与欧洲及北美发达国家相去甚远，但是很多拉美国家的城市化水平与发达国家相差不多，与本身经济水平不匹配的高城市化率导致一系列社会问题，反过来极大制约了工业化进程与经济发展。没有产业发展与就业吸纳的高城市化率使城市内部之间贫富差距进一步加大，贫民窟现象严重，较大影响了城市的顺畅运行；同时，拉美国家相比于多数发达国家地广人稀，高城市化率使得城市与其他广大地区在经济资源布局上严重失衡，地区之间贫富差距扩大也是影响拉美国家经济发展的重要因素。

（二）成功跨越中等收入陷阱经济体例证

按照世界银行20世纪60年代数据划分共有100个左右经济体处于中等收入发展水平，经过半个世纪的发展，只有少数国家进入高收入经济体行列。① 目前，世界公认成功跨越中等收入陷阱的经济体只有日本与"亚洲四小龙"，其他一些进入高收入行列的经济体或者是资源型国家，或者由于其他因素存在发展进程特殊性，不完全具备典型国家发展成长模式。东亚国家的经济发展，具有明显的由低到高的鲜明经济增长特征，并且根据人口规模，韩国及日本通常成为研究的重要代表。

1. 韩国情况

第二次世界大战及朝鲜战争结束后，朝鲜半岛分裂成两个国家，南部的韩国由于战争因素经济受到重创，1953年人均国民生产总值不足100美元，是个不折不扣的穷国。为了促进经济发展，韩国采取了一系列行之有效的措施，人均国民收入不断增长，1990年为6480美元，1994年为10010美元，2000年为10750美元，2005年为17800美元，2010年为21320美元，2013年为25920美元，② 最终顺利进入高收入国家行列。

在发展初期，韩国经济落后，工业基础薄弱，为此，其根据现实情况制定实施了出口导向型发展战略。当时国际上发达国家开始把劳动密集型产业向国外转移，韩国充分抓住这一外部机遇，利用本国劳动力工资相对较低的比较优势大力推动出口导向型发展战略，经济水平取得了突飞猛进的发展。当发展到一定阶段后，韩国开始面临着科技、资源、环境等问题，并且国际市场竞争加剧使得劳动力工资不再具有明显比较优势，这时韩国没有消极应对，而是主动转变自身发展模式，迈上了又一个发展新台阶。在发展遇到瓶颈时，韩国及时调整产业结构，向国际产业链高端发展，实施产业结构高级化发展战略，产业由低端粗放型向高级集约型迈进。韩国主要加强科技创新能力，提升产业科技含量，同时大力发展重化工业并加以科技改造，提升工业制造水平，使得韩国成为电子、仪器、钢铁、造船、汽车等多个领域的生产强国。在此基础上，对于传统行业韩国极力推进转

---

① 世界银行：http：//data. worldbank. org. cn/.
② 国家统计局：http：//www. stats. gov. cn/.

型发展，一并提升产业科技含量，并且大力发展金融、旅游等服务行业。

在合理选择国家总体发展道路的同时，韩国同样注重社会领域重点问题，促进国家经济发展。一是注重人口质量，加大教育与科技投入，提升国家整体素质与国际竞争力。在具体实施上，突出重视人才在经济发展中的重要作用，多种渠道加大教育投入，为经济转型提供人力资源支持；鼓励并动员全社会力量参与兴办教育，并且通过税收减免、增加补贴等方式加以支持；在政府不断增加教育投入的同时，吸引国内外资金投入科技与教育等。二是避免发展过程中产生两极分化的现象，政府给予高度重视并采取有效措施，大力扭转了这一局面并促进了经济与社会的发展。国家加强基础设施建设，投资不再偏向部分地区与行业，促进国家均衡发展；进行税制改革，缩小收入差距，鼓励生产抑制投机；完善就业政策法规，促进国民公平就业，保护劳动者权益，多渠道创造就业岗位；构建合理社会保障体系，在国家经济发展的同时注重对国民福利的保障等。①

2. 日本情况

第二次世界大战后日本作为战败国其国内经济受到重创，各个行业都面临巨大困难，人力资源严重短缺，经济发展环境恶劣。但是日本抓住多种有利条件，采取一系列发展经济的有效措施，成为公认的最先跨越中等收入陷阱的国家。

第二次世界大战后到20世纪七八十年代，日本完成了从经济重建到进入发达国家行列的快速转变，这一过程中采取合理国家定位与产业更新是发展的关键，不断进行优化与升级经济结构。开始发展的过程中，日本以轻工产业为主，由于不需要较高起点并且见效很快，日本迅速完成了初步的积累；在完成一定经济发展过程后，日本没有故步自封，继续寻找适合自身发展的机会，立刻加大重工业发展，从贸易立国转向技术立国，钢铁、化工、机械、电子、汽车等高技术含量产业飞速发展，一举奠定国际高科技生产大国地位；其后在经济实力极大增强的基础上又外移能耗高、污染重的粗放型产业，努力发展消耗资源少、环境污染小、高附加产值的知识密集型产业和服务业，成功突破中等收入陷阱进入发达国家行列，占据世界第二经济大国地位几十年。

在发展经济的同时，日本同样注重社会同步发展，以此促进经济建设。

---

① 朴馥永. 以经济转型跨越"中等收入陷阱"——来自韩国的经验 [J]. 经济社会体制比较，2013 (1)：1–11.

在发展过程中，日本重视人力资源因素，通过加大教育投入、鼓励科技创新等手段提高本国人口素质，增强国家竞争力；同时，为了减少社会摩擦、促进经济发展，日本还大力完善公共事业，努力消除贫富不均，完善社会保障体系。日本采取这些行之有效的措施为本国在几十年时间内实现经济快速发展、跨越中等收入陷阱起到关键推动作用。①

3. 成功跨越中等收入陷阱经验总结

部分东亚经济体是少数被世界公认成功跨越中等收入陷阱的国家和地区，采取的一些经验值得面临相似情况的国家充分借鉴。②

第一，积极发挥政府调控经济的职能，在市场经济中进行合理国家干预。东亚经济体成功跨越中等收入陷阱的经验表明，国家干预政策在经济发展的过程中发挥着极其重要的作用。市场化经济可以促进竞争进而更加高效配置经济资源，但是在宏观经济管理职能方面必须依靠高效运作的政府，制定国家层面经济发展战略、完善国家宏观经济政策、调控国家经济运行、监督经济运行秩序职能依靠市场经济自身无法解决，必须将市场与政府手段合理结合使用。

第二，根据本国发展进程主动转变经济发展模式，不断优化国家经济结构。经济发展存在客观规律，不同的经济发展阶段必须采取不同的发展策略，发展的过程中必须根据需要主动转变发展方式，东亚经济体的成功经验完全证实了这点。东亚经济体成功发展经验证明，中等收入国家相比于低收入国家在人力成本上处于劣势，相比于高收入国家在科技、金融等方面实力又有所不足，因此，在此阶段必须改变过去依靠要素投入促进经济增长的发展模式，需要依靠科技创新、集约发展等内生增长模式推动经济转型，向高收入阶段迈进。经济结构的调整与优化需要协调好投资、消费与进出口的关系，依靠科技进步、劳动者素质提高、管理创新来推动经济内涵式增长。

第三，加强教育与创新投入，力争向国际产业链高端发展。东亚经济体跨越中等收入陷阱的过程表明，进入高收入国家行列，需要在国际产业链上处于高端位置，提供经济附加值较高的产品，获取更高经济收益。为此，政府必须加强教育与创新投入，切实提高劳动力整体素质，掌握发展

---

① 关丽洁. "中等收入陷阱"与中国经济发展战略［D］. 长春：吉林大学，2010.

② 印德尔米特·吉尔，霍米·卡拉斯等. 东亚复兴：关于经济增长的观点［M］. 北京：中信出版社，2010：44－72.

高端产业的技能，支持与鼓励各个经济主体进行科技创新，充分享受创新的经济成果。与此同时，本国还要适应经济全球化的发展环境，汲取国际先进经验与技术加强自身实力，在国际竞争中不断提高竞争力与影响力，使得本国的产品与劳务走向国际市场，促进国际经济地位不断攀升，经济效益不断提高，最终成功跨越中等收入陷阱。

第四，注重社会整体发展，加大投入完善社会保障与消除贫富分化。东亚经验证明，在由中等收入国家向高收入国家迈进的过程中，政府必须关注全社会的协调发展，充分重视就业问题，完善社会保障制度。贫富不均、社会动荡是阻碍经济发展和导致陷入中等收入陷阱的重要原因，在跨越中等收入陷阱的过程中，政府妥善处理好收入差距扩大问题，运用多种手段提供就业岗位，加大投入建立社会保障机制、完善社会保障体系是凝聚社会向心力、促进经济发展的重要措施。

三、中等收入陷阱实质

中等收入陷阱的突出表现，是一个经济体自身经济增长的绝对情况和与他国比较的相对情况没有明显提高，按人均收入计算长期处于世界银行划定的中等收入水平范围内。中等收入陷阱主要反映在两个方面：从发展阶段性来看，是一个经济体达到中等收入水平后在一定时期内国民经济长期停滞或者有限增长，表现为经济增长数量的停滞或者增幅有限，经济发展质量没有明显的优化升级，不足以支持进入更高收入水平的发展阶段；从工业化开始以来的经济发展史来看，是一个经济体的发展情况相对于世界比较发达的经济集团产生水平差距，并且一定时期内无法赶超或者明显缩小这种经济发展差距，表现为国家间人均收入水平存在明显界限，足以影响生产生活质量。

跨越中等收入陷阱是一国经济在一个较长时段内保持一定速度的增长，既有经济增长数量方面的长期显著提高，又有经济发展质量的不断优化升级。对于中等偏上收入国家来说，中等收入陷阱既是经济发展的绝对增速问题，又是对比于高收入国家的相对发展问题，进入高收入国家行列必须具有更快的经济增长率。

（一）中等收入陷阱实质研究概述

世界银行在 2007 年发表的《东亚复兴：关于经济增长的观点》中提

出：由于缺乏规模经济，东亚的中等收入国家不得不努力保持其以前的高增长率。以生产要素积累为基础的战略可能会导致持续恶化的结果，由于资本的边际生产率下降，在几十年中，它们仍未摆脱中等收入陷阱，拉美和中东国家是最好的例证。2010 年，世界银行继续发表题为《有力的复苏，增加的风险》的研究报告①，把中等收入陷阱概念进一步阐述为：全球金融危机使东亚中等收入国家必须通过转变过度密集的中间产业发展来加快结构调整，成为高收入国家。但这是不容易的，几十年来，拉美和中东国家不断上升的工资成本使它们力图通过大规模和低成本保持自身的竞争力，但是在不断扩大的以知识和创新为基础的产品市场和服务市场中，它们至今不能提升其价值链。世界银行及相关学者都认为，落入中等收入陷阱的经济体表现为一个较长阶段的经济发展停滞或波动，必须通过转型后的完全不同的发展模式来跨越这一陷阱。②

在中国，随着世界银行对于这一课题的连续阐述和各个方面对于这一问题的高度重视，学者们从不同角度对中等收入陷阱实质进行了研究与论述。

从经济发展阶段理论的角度，郑秉文认为：中等收入陷阱是指一些发展中国家走出低水平均衡陷阱之后，虽然经济发展水平超过了人均国民收入 1000 美元进入中等收入国家行列，但是很少有国家能够顺利进入高收入国家行列，长期徘徊在中等收入水平区间，它们有的陷入增长与回落的循环之中，有的长期处于增长十分缓慢甚至发展停滞的境地。在中等收入阶段，有些国家和地区长期滞留在低中等收入阶段；有些国家和地区则较快走出低中等收入阶段，却在高中等收入阶段徘徊与停滞。③ 张平和王宏淼等认为：中等收入陷阱是指一个发展中经济体从起飞阶段进入中等收入阶段，特别是高中等收入阶段以后，会面临比之前更复杂的政治、经济和社会挑战，这些经济体如果不能正确应对，就可能在中等收入阶段长期徘徊与停滞，无法实现向高收入国家的过渡。从中等收入阶段迈向高收入阶段不仅仅是经济问题，也面临政治、经济、社会等方面的协调发展。④

① 世界银行：http：//data. worldbank. org. cn/.

② 高杰. 中等收入陷阱理论述评 [J]. 经济学动态，2012 (3)：83 - 89.

③ 郑秉文. 中等收入陷阱：来自拉丁美洲的案例研究 [M]. 北京：当代世界出版社，2012：193 - 211.

④ 张平. 中等收入陷阱的经验特征、理论解释和政策选择 [J]. 国际经济评论，2015 (6)：49 - 54.

从改变经济增长机制和转变经济发展模式角度，王一鸣认为：中等收入陷阱是指一个经济体从中等收入向高收入迈进的过程中，如果不能重复又难以摆脱以往由低收入进入中等收入的发展模式，很容易出现经济增长的停滞和徘徊，人均国民收入难以突破1万美元。①

从社会现象角度，曾铮认为：中等收入陷阱是指当一个国家的人均收入达到中等水平后，由于难以实现经济发展方式的有效转变，出现收入分配差距拉大、人力资本积累缓慢、城市化进程受阻、产业升级艰难以及金融体系脆弱等一系列问题，导致持续增长动力不足和社会矛盾频出，从而出现经济停滞与徘徊的一种状态。②

从经济发展战略角度，马岩认为：中等收入陷阱是指使各个经济体赖以从低收入水平进入中等收入水平的战略，对于它们向高收入经济体攀升是不能够重复使用的，进一步的经济增长被原有的增长机制锁定，人均国民收入难以突破1万美元的上限，国家很容易进入经济增长阶段的停滞与徘徊时期。③

还有一些学者对于中等收入陷阱概念存在争论，事实上，众多经济体存在人均收入到达中等收入水平之后陷入经济增长停滞现象，因此抛开概念争议，这种现象普遍客观存在并且无法回避，是研究经济发展必须关注的重点问题。

（二）本书关于中等收入陷阱的观点

世界各国由于资源禀赋、地理位置、社会文化、发展道路等多重因素导致自身发展路径不同，产生了不同的经济发展后果。中等收入阶段是每个国家经济腾飞进入高收入经济体行列必须经历的发展阶段；中等收入陷阱是多数国家不能正确面对国际国内客观问题促进本国经济长期持续发展、进而陷入长期经济增长停滞或者经济增长波动的普遍现象；跨越中等收入陷阱是一些国家在自身客观的经济发展阶段和经济发展全球化这种动态综合发展环境中正确选择了本国的发展道路，进而在中等收入阶段继续稳定增长进入高收入经济体行列的过程。

---

① 王一鸣. 中等收入陷阱的国际比较和原因分析 [J]. 现代人才，2011（2）：28-31.

② 曾铮. 亚洲国家和地区经济发展方式转变研究——基于"中等收入陷阱"视角的分析 [J]. 经济学家，2011（6）：48-55.

③ 马岩. 中等收入陷阱的挑战及对策 [M]. 北京：中国经济出版社，2011：2-17.

第一，中等收入陷阱是经济增长数量的长期停滞或者有限增长，导致本国不能进入世界银行划定的高收入经济体行列。跨越中等收入陷阱就是在进入世界银行划定的中等收入阶段后，经济增长速度继续基本保持原有水平，即使偶有波动但是总体发展态势不变，最终顺利进入高收入经济体行列。以世界银行公布 2010 年的标准为例，人均国民收入从 996 美元到 3945 美元为低中等收入国家，从 3946 美元到 12195 美元为高中等收入国家，人均国民收入 12196 美元及以上为高收入国家。可见从中等收入国家达到高收入国家人均收入水平需要增长 10 倍以上，从高中等收入开始计算也要增长原有水平的 2 倍以上，因此跨越中等收入陷阱本身就是一个长期的过程，如果不能保持较长时期经济持续稳定增长，必然会长期停留在中等收入阶段，落入中等收入陷阱。从经济增长数量角度看，中等收入陷阱是一个经济体不能长期保持经济稳定增长，发展水平较长时期内处于停滞徘徊状态。

第二，中等收入陷阱是经济发展质量没有明显变化，在大体保持原有技术水平的基础上依靠资源投入驱动产生发展瓶颈，最终迟迟不能进入更高发展阶段。跨越中等收入陷阱是在达到世界银行划定的中等收入水平后利用本国发展过程中资本、技术、管理等方面的积累进行战略升级，总体上达到高收入国家的发展水平。综观世界高收入国家状况，剔除经济体规模较小、国家经济依靠石油等初级资源的特殊情况，较高收入基本对应较高科技水平、良好的国民教育情况以及相对合理的经济结构等，因此，一个经济体通过粗放型发展摆脱贫困后没有继续主动升级国家发展战略易落入中等收入陷阱。从经济发展质量角度来看，中等收入陷阱是一个经济体没有摆脱中等收入条件下的发展战略与思维模式，一直停滞在原有的情况下不能进行更高层次的发展。马克思早在《资本论》第一卷劳动价值论中就提出复杂劳动的价值是简单劳动价值的倍增，第二卷社会再生产理论中提出社会生产的各个部分需要达到平衡，明确指出科技创新、结构优化等方面是促进经济水平进一步发展的重要路径，跨越中等收入陷阱必须完成经济发展质量优化升级。

第三，中等收入陷阱问题还体现了一个国家在世界各国中的总体发展排位状态，受到多种综合因素的影响，是一个动态发展的过程。即使国民经济具有绝对增长情况，但是相对发展落后于高收入国家水平也会落入中等收入陷阱，跨越中等收入陷阱进入高收入国家行列是一个经济体提高相对国际竞争力和国家实力的过程，如果不能形成赶超式发展就会陷入中等收入陷阱。

　　在麦迪森公元1年的记载资料中，世界完全处于农业文明阶段，有数据记录的国家人均收入都在600～800麦迪森1990年国际美元之间。由表1-1可见，英国作为世界工业文明的发源地和最早完成工业化的国家在1820年人均收入显著高于其他国家，美国作为第二批进行工业化的国家也一直处于高收入行列。其他国家1820年基本处于农业为主的发展阶段，各国经济水平相差基本不大。① 因此，国际横向比较中生产方式先进程度决定了国家的发展水平。虽然提出中等收入陷阱概念只有十多年时间，但是世界经济发展秩序在近二百年的时间内是变动不大的，特别是处于世界经济发展中等水平的国家在世界总体发展过程中基本还是处于中等水平。因此，中等收入陷阱问题从世界整个发展进程来看，处于中等收入水平的国家伴随世界工业化进程其绝对收入水平是大幅提高的，但是增长速度不能持续相对超过高收入国家增幅就会一直停滞于中等收入国家行列。

表1-1　典型国家人均收入发展进程表（麦迪森，1990年）　单位：美元

年份	国家							
	英国	美国	巴西	阿根廷	日本	韩国	中国	马来西亚
1820	2074	1361	683	998	—	—	600	603
1850	2330	1849	683	1251	681	335	600	—
1900	4492	4091	678	2875	1180	—	545	—
1910	4611	4964	769	3822	1304	455	552	801
1920	4548	5552	963	3473	1696	610	—	1110
1930	5441	6213	1048	4080	1850	586	568	1636
1940	6856	7010	1250	4161	2874	893	—	1278
1950	6939	9561	1672	4987	1921	854	448	1559
1960	8645	11328	2335	5559	3986	1226	662	1530
1970	10767	15030	3057	7302	9714	2167	778	2079
1980	12931	18577	5195	8206	13428	4114	1061	3657
1990	16430	23201	4920	6433	18789	8704	1871	5131
2000	21046	28702	5418	8410	20481	14998	3421	7874
2010	23777	30491	6879	10256	21935	21701	8032	10094

　　数据来源：麦迪森。"—"处为麦迪森未提供该年数据。韩国、马来西亚1910年数据未提供，为1911年数据。

---

　　① 麦迪森. 世界经济千年统计 [M]. 北京：北京大学出版社，2009：243-272.

　　从经济史角度看，中等收入陷阱体现了一个经济体总体发展能力不能达到国际高端水平，导致本国一直处于中等收入陷阱之中。在世界经济进入工业时代、信息时代之前，世界经济发展差距远没有当前之大，主要以广义农业为主的生产方式导致生产效率差距普遍不大，① 剔除自然条件、战争动乱等特殊因素，劳动生产效率根本没有导致如今动辄人均收入差距到达几乎上百倍的情况。② 例如，在农业生产为主的时期，中国成为世界上相对高度发达、富裕的国家，但其近代发展落后甚至引起了世界经济学界的"李约瑟之谜"。以机械动力为代表的工业化完全颠覆了人类的生产方式，国家创新发展能力差距导致本国生产方式与生产能力的落后，必定促使本国在世界总体经济地位不能达到高端水平，长期的中游发展水平就是陷入中等收入陷阱。

　　从货币发展史角度看，中等收入陷阱还反映了一个经济体货币币值不能长期保持坚挺进而引发经济停滞与波动。汇率体现的是一个国家的货币在世界市场的价格，汇率变化反映了本国货币的供求情况，一个国家货币币值稳定体现了本国经济实力与相对发展能力。在当今通常以美元进行计价与储备的货币体系中，本国货币兑换美元汇率不能长期保持坚挺或升值，通常说明本国经济发展相对于以美国为代表的发达国家逐步处于弱势发展趋势。在世界银行以美元为衡量标准的情况下，严重通货膨胀与货币贬值必然循环引发本国产出缩水，与发达国家差距逐步扩大，这样在世界经济体系中长期处于落后状态、停滞于中等发展水平就意味着陷入中等收入陷阱。在金本位制、金汇兑本位制和布雷顿森林体制下，一个经济体的有效产出基本可以反映本国的经济发展水平；在布雷顿森林体系解体后，由于中等收入国家通常没有决定经济秩序的能力，各种情况导致的通货膨胀与货币贬值严重冲击国家经济稳定，在国际美元计价体系中产出增长被货币贬值所抵销，部分经济增长成果被国际资本收割，促使国家发展缓慢或停滞，陷入中等收入陷阱之中。

　　从经济增长理论角度看，中等收入陷阱是一个经济体没有跟上世界发展的先进潮流，传统的增长方式不能达到和赶超发达国家已有的发展水平，经济长期停滞徘徊于中等收入国家行列导致陷入中等收入陷阱。索洛增长模型指出，经济增长在资本与劳动投入相对稳定的情况下，技术进步是经

---

① 麦迪森. 世界经济千年统计［M］. 北京：北京大学出版社，2009：243 – 272.

② 世界银行：http：//data. worldbank. org. cn/.

济增长的关键因素。中等收入国家在达到一定发展水平后，劳动与资本的投入情况和高收入国家相比没有更加明显的优势，因此实现对于高收入国家的赶超必须提高全要素生产率水平，即采用加强科技创新、优化经济结构、提高国民素质等手段促进技术进步和资源配置效率提高，改变国家生产函数。可见，如果不能做到国家层面的生产函数不断优化，长期停滞于某一生产状态不变就会陷入中等收入陷阱。

从新制度经济学角度看，中等收入陷阱是一个经济体达到世界银行划定的中等收入水平之后产生路径依赖，没有进行新的更高层次路径选择，原有的资源配置方式、经济体制管理等模式不能支持国家进行进一步的经济发展，国家陷入经济增长徘徊状态，最终落入中等收入陷阱。因此，跨越中等收入陷阱需要达到一定经济发展阶段之后进行合理改革，以新的动力机制促进经济继续保持一个较高增速稳步发展。

综上所述，世界各国经济发展水平在工业化开始后逐渐出现了巨大差异，处于世界经济发展中低端的经济体在此过程中逐步落后于高收入国家，如今为了实现对于相对发达国家的重新赶超，中等收入国家必须采取措施发展生产力和提高国家竞争力。中等收入国家在发展过程中落后于高收入国家的原因多种多样，缩小并消除竞争中产生的已有差距需要长期稳定优于高收入国家的增长率，对于已经落后的中等收入国家来说需要更大的努力和更快的增长，这通常是非常困难的，长期不能进入高收入国家行列就会陷入中等收入陷阱。

因此，中等收入陷阱是客观存在的，不能完成经济现代化的国家很难进入高收入经济体行列，处于漫长的中等收入阶段就会陷入中等收入陷阱。中国保持当前发展态势，在各方面处理好发展速度与质量的关系问题，完成"新四化"发展，实现相对于高收入国家更快的经济增速，缩小人均差距，最终将会跨越中等收入陷阱，进入高收入经济体行列。

第二章　影响跨越中等收入陷阱的综合因素

跨越中等收入陷阱既是绝对的经济增长问题，又是收入指标的国际间赶超过程，在发展进程中，中国需要应对的重点既有经济增长中的普遍共性问题，也有自身发展中的特色问题。保持经济增长持续稳定、科学防控通货膨胀与防范汇率剧烈波动、促进收入分配合理、合理选择发展战略与技术路径等是影响中国发展成败与否的重要综合性因素。

一、经济增长持续稳定

跨越中等收入陷阱进入高收入国家行列的重要标准就是保持经济长期持续增长并最终达到世界银行划定的人均高收入国家指标，因此，持续稳定的经济增长是在发展过程中需要考虑的首要因素。

（一）经济增长与经济发展

经济增长问题在理论方面有着广泛的含义，从长远发展角度来看，既应该包括具体经济指标对于数量的衡量，又要包含对于经济长期发展质量方面的考虑，只有长期可持续的经济增长才能构成经济发展。

经济增长的概念通常是指一个国家或经济体在一定时期内，包括产品生产部门的实物增长和服务部门的劳务增长在内实际产出的全部净增长。经济增长较多情况下被认为是一个数量核算方面的概念，即增长的数值是可以量化的，对于经济增长可以进行定量方面的分析，比较主要的衡量指标是国内生产总值、人均国内生产总值（中国目前使用这一组指标体系），或者是国民生产总值、人均国民生产总值（国外一些经济组织与机构比较常用这一组指标，例如世界银行）。经济发展的概念通常被认为包含更广阔的含义，包括了经济增长方面的内容，是一个考虑了数量与质量相结合的范畴，既包括经济增长的指标体系，又包括一些对于发展方面的定性描述。经济学理论普遍认为，对于经济发展的论述，还涵盖了国民生活质量提高、资源环境改善、社会经济结构优化和制度结构进步等反映经济内涵的因素，是反映一个国家或者经济体总体发展水平的综合性概念，经济发展相比于经济增长更能反映人类的经济变迁和社会进步。跨越中等收入陷阱不仅需要经济增长方面量的提升，还要促进经济发展涵括内容质的提高，有质量的经济发展是确保增长可以持续、稳定的关键。因此，在充分重视增长率的基础上，创新能力、产业优化、可持续发展等方面的衡量都是追求经济进步过程中必须予以重视的因素。

对于经济增长与经济发展的理论研究一直是经济学领域的重点内容，各种不同的流派提出了多种理论，通常比较有代表性的是哈罗德—多马模型、新古典增长模型和内生经济增长模型等，从储蓄、资本、人口、技术等角度论述了经济增长的重要影响因素。另外，罗斯托研究了经济增长的阶段理论，熊彼特从创新角度、新制度经济学从制度角度等方面都对经济增长提出了相关论述。在中国跨越中等收入陷阱的过程中，借鉴先进经济发展理论，使中国的经济建设既有量的累积，又有质的提高。

（二）经济增长的作用与途径

纵观国内外的经济发展过程，世界各国的经济发展进度都不是保持一成不变的，而是在漫长的发展过程中时快时缓，即使是当今的发达国家其经济发展的过程也是在波动中前行的。促进稳定发展、熨平经济波动对于长期持续经济增长具有至关重要的意义，是跨越中等收入陷阱进入高收入经济体行列的根本要求。

1. 经济稳定增长重要作用

跨越中等收入陷阱进入高收入国家行列，既要保持经济中高速增长，又要保持经济发展过程稳定，这对于国家发展战略具有极其重要的作用。

第一，促进量的增长。经济发展归根结底是经济总量和人均收入的数量增长，在发展中不能"唯 GDP 论"，更不能走向极端忽视"GDP 论"的应有重要作用。对于经济发展的衡量应该建立一个合理的指标体系，但是在优化结构的同时需要注意到衡量的核心是国民收入及人均收入的数量，没有中高速的增长速率经济增长就无从谈起，因此保持经济持续、稳定增长是中国经济发展的核心，是跨越中等收入陷阱进入高收入国家行列的关键。

第二，促进质的提高。国民经济持续增长既是经济结构优化的结果，又是经济质量提高的前提。快速、稳定的经济增长提供了经济进一步发展的实力，坚实的经济基础是促进物质与技术进步的重要条件，带动了经济发展质量的提高。

第三，稳定心理预期。在经济理论发展过程中心理预期的重要作用越来越被人们重视，产生了心理预期经济学派，并且个人偏好也被新制度经济学派列为经济发展的核心因素。保持经济增长持续性具有重要作用，稳定了人们的心理预期，促使人们做出经济选择时更加科学合理，减少了发展过程中的非理性因素，反过来会促进经济发展更加持续、稳定。

根据表 2-1 可见，在达到高中等收入水平后，需要继续保持一定时期的持续较快经济增长才能进入高收入国家行列，增长速度的稳定性是成功跨越中等收入陷阱的关键。巴西、墨西哥正是由于经济增长波动较大、发展增速较低而迟迟不能跨越中等收入陷阱。

表 2-1　典型国家达到高中等收入水平后经济增长率对比　　　　单位:%

韩国		日本		中国		巴西		墨西哥	
年份	增长率	年份	增长率	年份	增长率	年份	增长率	年份	增长率
1988	11.7	1981	4.2	2005	11.4	1995	4.4	1992	3.6
1989	6.8	1982	3.4	2006	12.7	1996	2.2	1993	4.1
1990	9.3	1983	3.1	2007	14.2	1997	3.4	1994	4.7
1991	9.7	1984	4.5	2008	9.6	1998	0.4	1995	-5.8
1992	5.8	1985	6.3	2009	9.2	1999	0.5	1996	5.9
1993	6.3	1986	2.8	2010	10.6	2000	4.4	1997	7.0
1994	8.8	1987	4.1	2011	9.5	2001	1.3	1998	4.7
1995	8.9	1988	7.1	2012	7.8	2002	1.2	1999	2.7
—	—	1989	5.4	2013	7.7	2003	3.1	2000	5.3
—	—	1990	5.6	2014	7.3	2004	5.7	2001	-0.6
—	—	—	—	2015	7.0	2005	3.1	2002	0.1

注：韩国 1995 年已经达到高收入国家水平，日本 1985 年进入高收入国家水平。巴西、墨西哥至今未达到高收入国家水平，截取进入高中等收入水平后十年数据用以比较。选取中国近年数据用以比较当前发展情况。

数据来源：世界银行。

2. 经济稳定增长的理论与途径

各个经济体的经济增长都不是完全线性的，在发展过程中，都存在着增长率的波动性，这是经济发展的客观规律。因此，经济增长问题是学界关注的重点，一些经典的理论为经济稳定增长提供了发展的思路。

经济周期理论与经济增长途径。通过对世界各国经济数据的统计分析，经济周期理论从时间跨度阐述了经济增长的周期规律。经济周期理论把经济周期长度主要划分为三种：长期经济波动周期是经济发展的长波，通常为 45 年到 60 年的长度，称为"康德拉季耶夫周期"，这种最长的经济周期又分为几个平均为 10 年左右的经济发展中波，称为"朱格拉周期"，在每个经济发展的中波内又存在着平均长度大约 40 个月的经济短波，称为"基钦周期"。对于经济增长的这种波动性或者是周期性，经济学界有着多种不同的解释，主要有凯恩斯的经济系统内部作用理论、汉森—萨缪尔森的乘数—加速数模型理论、卢卡斯等的外部因素冲击理论、熊彼特的技术创新理论等。凯恩斯认为，经济生活中存在着边际消费倾向递减、资本边际效率递减、流动性偏好三大心理因素，因此经济发展过程中具有经济系统内部自身不能完全解决的问题，导致经济增长出现不稳定，需要政府进行国家干预给予修正。① 萨缪尔森的乘数—加速数模型理论是解释经济波动的又一经典理论，该理论认为经济活动如投资具有乘数效应，会引起国民收入的加倍增长，同时国民经济的高速发展又会进一步驱动投资的加大，这样在经济上升期乘数—加速数互动作用导致经济快速发展；由于相同的作用机理，经济下降期这种经济萧条也是加倍减速的，由此产生较大经济波动。② 熊彼特的技术创新理论认为创新给予经济体系较大发展动力，在达到稳定时经济发展慢慢趋缓，直到下一次重大创新产生又会导致经济的另一次高速上涨。③

经济增长阶段理论与经济增长途径。罗斯托的经济增长阶段理论为促进经济增长提供了不同的发展思路。罗斯托把经济增长理论与经济史结合进行分析，认为经济增长分为不同发展阶段，每个阶段具有由低到高的不同特征，呈现时间发展的序列性。④ 跨越中等收入陷阱问题也是国家发展水平由低到高的成长阶段，因此罗斯托的经济增长阶段理论为从高中等收入水平向高收入水平发展提供了借鉴。处于高中等收入行列的经济体不论资源状况、经济制度、文化传统等方面如何差异，在世界发展水平的横向比较中都基本处于大致相同发展水平，因此在当前阶段下，赶超发达的高收入经济体必须转变发展方式，由原来的数量驱动转为效率驱动，由资源驱动转为创新驱动。

二、通货膨胀温和可控

根据对于公认陷入中等收入陷阱国家的情况分析，很多国家在较长时

---

① 凯恩斯. 就业、利息和货币通论［M］. 北京：商务印书馆，1999.
② 萨缪尔森. 经济学［M］. 北京：商务印书馆，2012.
③ 熊彼特. 经济发展理论［M］. 北京：商务印书馆，1990.
④ 罗斯托. 经济增长的阶段：非共产党宣言［M］. 北京：中国社会科学出版社，2001.

期内普遍出现通货膨胀现象，甚至达到比较严重的程度。因此，合理防控通货膨胀问题是跨越中等收入陷阱实现经济持续稳定增长的重点，国家通过货币政策等手段进行干预的作用至关重要。货币信用是国家信用重要组成部分，货币崩溃就会导致国家信用坍塌，引起所有本币计价资产急剧贬值以及产生严重通货膨胀，结果是国家信用破产、经济崩溃，外部资本掌控国家命脉。

（一）通货膨胀及其经济作用

在世界经济发展的过程中，通货膨胀现象一直是长期受到关注的焦点，国内外对于通货膨胀的论述与解释有较多的理论流派，但公认的是，通货膨胀对于经济发展进程影响较大，在跨越中等收入陷阱问题上需要认真对待。

1. 通货膨胀概述

从通货膨胀的定义阐述来看，目前有不同的观点，总体归类来看，从观察问题的角度主要可以分为"物价"角度和"货币"角度。代表性学者萨缪尔森从物价上涨的角度来定义通货膨胀，认为全社会整体价格水平的上升就认为存在通货膨胀；① 另一种典型表述货币主义代表弗里德曼从货币发行量的角度来定义通货膨胀，认为通货膨胀总是而且在任何地方都是一种货币现象，主要由于货币供应量的增长超过社会产出的增长就会产生通货膨胀。②

当前中国统计通货膨胀的典型指标是以常用的消费价格指数（CPI）为代表，这在近年的理论界又有不同的理解。目前对于通货膨胀的衡量主要有标题通货膨胀和核心通货膨胀两种不同的方法。衡量标题通货膨胀的数据主要分析居民生活成本的变化，包括居民消费的典型商品和服务价格变化，再根据支出数量占总体数量的比例进行加权平均得出具体数字就是通货膨胀数字，中国统计部门定期公布的消费价格指数（CPI）就是这种情况的典型代表。根据货币政策存在长期相对中性而短期明显非中性理论，对于通货膨胀的衡量又有核心通货膨胀衡量方法。具体来讲，核心通货膨胀就是需要将居民消费价格指数（CPI）分解成为两部分，一部分是由全社会总需求与总供给决定的趋势性成分，称为核心通货膨胀；另一部分是由日

---

① 萨缪尔森. 经济学 [M]. 北京：商务印书馆，2012.
② 弗里德曼. 最优货币量 [M]. 北京：华夏出版社，2012.

常衣食住行消费品价格或能源价格波动产生的数字波动，称为非核心通货膨胀或暂时性通货膨胀。由于日常衣食住行消费品价格或能源价格波动具有频繁性和暂时性，货币政策不应调控这一部分，因此对于国家长远发展来看更应该关注核心通货膨胀并以此作为宏观政策的重点目标。

2. 通货膨胀作用

通货膨胀产生的原因主要有货币供给造成的通货膨胀、需求拉动引起的通货膨胀、成本推动引起的通货膨胀、结构变动引起的通货膨胀以及混合型通货膨胀等。通货膨胀问题的核心是流通中的货币与社会总产出不匹配，通货膨胀必将对经济生活特别是经济学意义上的短期内经济发展造成重要影响。①

首先，从生产角度看，通货膨胀具有产出效应，影响社会生产与经济发展。第一，通货膨胀会导致产出增加，收入增加。由于需求拉动引起的通货膨胀刺激，会导致产出水平的提高，因此，长期以来温和的通货膨胀政策被多数国家实际采纳，中国的宏观政策也是如此。第二，成本推动引起的通货膨胀会导致企业和居民收入或者产量的减少，进一步引起社会产出或者就业方面的下降，较大幅度的成本推动通货膨胀在社会总需求不变的情况下引起大幅失业或者社会总需求与总供给失衡等问题，对经济发展造成冲击。第三，严重情况下的恶性通货膨胀导致社会经济混乱，进而有国家经济崩溃的风险。

其次，从收入分配与社会消费角度看，通货膨胀具有财富再分配效应，继而影响全社会的财产分配与经济发展。第一，通货膨胀对于固定收入个人来讲在名义收入不变的情况下使其实际经济收入减少，使资产持有者财富增加，由于固定收入人口通常又是整个社会中相对弱势群体，通货膨胀的经济后果就是实际加剧社会财富的两极分化，影响社会稳定与经济发展。第二，通货膨胀对于储蓄者不利，对于借贷者有利，这样就会打破社会资金结构平衡，甚至引起全社会的投机与过度透支等负面经济行为，扰乱社会经济秩序。第三，通货膨胀人为改变债务人与债权人、政府与企业及个人间财富关系，影响正常的心理预期与经济行为，造成对社会经济发展的脉冲式冲击。

最后，从经济发展历史统计分析来看，在经济全球化的背景下，严重通货膨胀与汇率波动相互影响，常常对国家经济增长起到阻碍作用。例如，

---

① 艾慧. 中国当代通货膨胀理论研究［M］. 上海：上海财经大学出版社，2007：15.

陷入中等收入陷阱的南美国家，由于经济发展战略不尽合理导致负债发展，生产与出口能力欠缺形成的过高债务，导致严重的通货膨胀与本币贬值，进而恶性循环影响社会生产，负面作用扩散到社会经济的各个方面，极大阻碍了进入高收入国家的进程。在跨越中等收入陷阱的过程中，保持相对合理、较低区间的通货膨胀率是稳定增长的重要因素，具体数据见表2-2。

表2-2　典型国家达到高中等收入水平后通货膨胀率对比　　　单位：%

年份	国别通货膨胀数据		
	韩国	巴西	中国
1988	6.7	651.1	12.1
1989	5.7	1209.1	8.6
1990	10.4	2700.4	5.7
1991	10.2	414.2	6.7
1992	7.9	968.2	8.2
1993	6.4	2001.3	15.2
1994	7.7	2302.8	20.6
1995	7.5	93.5	13.7
1996	5.0	16.4	6.5
1997	3.9	7.7	1.6
1998	5.0	4.9	-0.9
1999	-1.0	8.0	-1.3
2000	1.0	5.5	2
2001	3.7	8.1	2
2002	3.1	9.9	0.6
2003	3.4	14.0	2.6
2004	3.0	7.8	6.9
2005	1.0	7.5	3.9

数据来源：世界银行。韩国1988年进入高中等收入水平，1995年达到高收入国家水平。巴西至今未达到高收入国家水平，截取对应年份数据用以比较。中国数据用以比较中国的经济发展情况。

（二）货币政策与通货膨胀防控

各种通货膨胀的产生原因与作用机理不同，但是从本质来看，通货膨胀意味着货币超发，必然与国家的宏观经济政策特别是货币政策相关。因此，完善宏观货币政策管理是合理控制通货膨胀重要手段，合理的调控政策措施是促进经济健康发展的必要途径。抵销通货膨胀实行的货币政策必然影响国家原有的经济发展轨迹，对经济增长路径与结果产生修正作用。

1. 货币政策作用

货币政策是政府货币当局通常是中央银行通过银行体系变动货币供给量来调节与稳定社会总需求的宏观经济政策，主要通过总量与利率等手段影响投资、消费等方面，进而平衡总需求与总供给，调控经济运行。

货币政策常用的三大工具是调整再贴现利率、存款准备金率和公开市场操作，辅以窗口指导、道义劝告等其他手段。货币政策是中央银行实行国家经济意志的重要政策，对于经济的发展具有重要的影响能力。首先，由于中央银行控制的基础货币具有极强乘数效应，货币创造功能使得社会流通中执行功能的货币以几何级数形式扩张或收缩，极大调节了全社会的货币总量，在经济学意义上的短期内重新配置了货币的投放情况，对于经济发展产生重要影响。其次，货币政策还具有很多其他经济政策没有的影响能力，即可以严重影响社会与个人的心理预期，而心理预期是经济行为主体做出决策的重要依据，因此在货币政策尚未出台的情况下就已经产生社会经济后果，对于社会的经济行为起到重要引导作用，直接配置了整个社会的经济资源。①②

由于货币政策的重要性与配置能力，货币政策的方向极大影响全社会的资源配置，进而影响国家经济发展情况。扩张性货币政策是货币供应量大于社会的货币需求量，刺激社会总需求增长的货币政策，主要应对货币紧缩的情况。扩张性货币政策使得总体利率水平偏低，加大社会总体投资规模，促进就业，增加产出，使得社会经济出现加速情况，主要用于经济发展情况低迷或者增速不大的情况。紧缩性货币政策是指货币供应量相对小于当前社会实际需求量，抑制全社会总需求的货币政策，重点用于管控通货膨胀。紧缩性货币政策使得全社会范围内流动中货币供应紧张，抬高了总体利率水平，进而降低全部投资水平，促使社会总需求相对落后于社会总供给。紧缩性货币政策主要用于经济过热的快速发展时期，对于将要产生的混乱现象起到降温作用。中性的货币政策主要用于经济相对平稳的发展时期，起到温和的修正作用。可见，货币政策具有重要的调节能力，

---

① 弗里德曼. 价格理论 [M]. 北京：华夏出版社，2011.
② 弗里德曼. 最优货币量 [M]. 北京：华夏出版社，2012.

作用方向极大影响经济发展能力，因此货币政策在跨越中等收入陷阱的过程中必将发挥重要引导作用。

２. 通货膨胀宏观防控

通货膨胀的核心问题是货币供应量与需求量不均衡，社会中流通货币总量与全社会的商品生产及劳务供给不匹配，导致物价的不合理上涨。因此对于通货膨胀问题的解决思路就是完善国家货币政策，进行科学宏观调控。

货币政策与经济发展密切相关，在中国货币政策具有短期明显非中性的情况下，通货膨胀的宏观管理与货币政策的合理制定必须考虑政策措施对于经济发展的扰动，考虑心理预期因素的影响加强前瞻性。在此原则下，对于相机抉择的货币政策使用与制度建设并重，通过科学的货币政策制定方式引导社会与个人进行合理前瞻，使得货币供给量不会时紧时松，避免人为干扰经济正常运行。这一情况要求完善货币政策制定体系工作，构建货币供给与利率决策指标机制，使得货币政策充分为经济发展服务。同时，经济全球化与利率、汇率市场化要求具有全球发展眼光对待货币政策的科学运用。并且，在中国当前追求高质量发展的经济新常态下，货币政策作为重要的宏观经济政策也要适应当前的发展形势，既要合理确定货币供应规模与利率水平，又要使得货币投放更加精细，能够使货币供应与发展需求相适应，不会导致货币投放领域错配、套利资金盛行，避免真正需要金融扶持的实体经济领域没有获得货币政策支持。①

三、收入分配公平合理

收入分配既与经济发展高度相关，又对社会公平影响深刻，是跨越中等收入陷阱的又一重点问题。完善收入分配制度、构建合理分配结构可以极大促进经济增长的活力，进而促进经济持续增长较快进入高收入经济体行列。

（一）收入分配理论与合理分配意义

马克思主义经济理论认为，社会再生产分为生产、流通、分配、消费等环节，每个环节都是必不可少的，任何环节出现问题都会影响整体经济

---

① 陆晓明. 货币供给、货币需求与价格：西方货币数量论研究 [M]. 北京：北京大学出版社，1991：10－55.

顺利运行。现今国内外的理论与实践证明，合理的收入分配对于经济增长具有深远的影响。

1. 收入分配理论发展与影响

收入分配问题非常重要，并对经济增长具有深远影响，从古典经济学家起就开始关注并研究这一领域。李嘉图在 1817 年发表著作《政治经济学及赋税原理》中已经明确提到收入分配是政治经济学研究的重要内容。其后，马克思 1867 年在《资本论》中也提到收入分配问题的重要意义。在此阶段，对于收入分配问题的研究主要还是突出关注生产要素分配理论，并把价值创造的源泉即如今的经济增长来源作为研究的重点。直到 20 世纪 50 年代收入分配研究又迎来了重要的发展，分配研究的重心转向个人收入分配理论，开始把国民收入在工资、利润、地租等方面分配研究转向个体之间分配问题研究，并利用基尼系数与洛伦兹曲线解释收入分配平等性问题，同时开始关注收入分配与经济增长之间关系。库兹涅茨对于经济增长和收入分配问题给予深入研究，并且提出著名的库兹涅茨倒 U 形曲线，使得经济增长和收入分配问题在理论研究中又开始得到重视。①

由此，收入分配开始重视效率与公平方面的研究，福利经济学的经济理论更加广泛用于许多社会问题的解释，收入分配与经济增长方面的研究越来越得到经济学家重视。传统经济学理论认为竞争有利于经济的增长和效率的提高，福利经济学收入分配理论则对此进行了修正。关于效率与公平的问题，多数收入分配理论开始认为需要效率与公平兼顾，这样才能达到全社会整体福利最大。根据帕累托最优原则，不公平的收入分配不是全社会利益最大化，可以通过帕累托改进使得社会经济效率更高，因此，加法型的社会福利函数应该被乘法型的社会福利函数、罗尔斯社会福利函数取代，从全社会角度看，公平、稳定的社会才能有利于经济发展，两极分化的社会则会给经济增长造成严重阻碍。②

2. 合理分配的重要意义

收入分配对于经济增长具有重要意义，国内外的发展经验证明合理收入分配是经济增长和跨越中等收入陷阱的重要条件，多数陷入中等收入陷阱的国家都存在着两极分化、贫富不均现象。

第一，合理的收入分配可以促进生产与消费。根据马克思社会再生产

① 库兹涅茨. 各国的经济增长 [M]. 北京：商务印书馆，1999.

② 姚明霞. 福利经济学 [M]. 北京：经济日报出版社，2005：16－26.

理论，社会再生产包括生产、分配、交换与消费四个环节，任何一个环节的断裂都会影响整个社会再生产过程。① 因此，合理的收入分配可以增加生产者的积极性与主动性，极大促进生产的发展；分配的数量、结构深刻影响消费的数量、结构，合理的收入分配还能提高消费预期，收入分配从多方面决定了消费的水平。

第二，合理的收入分配可以提高生产要素活力。例如，党的十八届三中全会做出了全面深化各项改革的重大决定，提出"让一切劳动、知识、技术、管理、资本的活力竞相迸发"。经济学理论充分表明，对于生产要素给予合理的利益回报是提高要素效率的必要手段。因此，合理的收入分配可以有效配置生产资源，极大提高生产要素活力，进而促进经济高效增长。

第三，合理的收入分配可以保障社会的稳定。中国的发展道路表明，国内外的稳定发展环境是中国改革开放以来高速发展的重要条件，继续保持社会的稳定是中国继续发展的必然选择。贫富不均、两极分化会严重消耗社会发展活力，影响经济资源的有效配置。合理的收入分配可以增加社会公平，促进社会稳定，进而给经济增长营造良好的发展环境。

（二）收入分配与经济发展

中国正处于经济发展新常态，是跨越中等收入陷阱进入高收入经济体行列的关键时期，从经济发展阶段角度来看中国已经达到高中等收入水平，从经济结构角度来看面临解决二元经济结构问题。收入分配对于经济增长具有重要作用，合理应对这一问题对于当前经济发展意义深刻。

第一，从发展阶段角度看，合理收入分配是进入库兹涅茨倒 U 形曲线下降阶段的需要。库兹涅茨倒 U 形曲线主要说明人均收入水平与经济发展情况的关系，曲线横轴代表一个国家的人均收入水平，纵轴通常表示收入分配情况，例如以基尼系数表示，在此坐标上整个国家收入变化曲线呈倒 U 形分布。这一曲线轨迹表明在经济发展过程中，开始时人均国民收入在较低水平，上升到中等收入水平阶段收入分配情况逐步趋于恶化，随着经济进一步发展和人均收入水平继续提高，收入分配情况逐步改善，伴随不断发展最后达到比较公平的情况。② 中国目前已经达到高中等收入水平，根据库兹涅茨倒 U 形曲线正是基尼系数较高水平开始进入下降的阶段，只有进

---

① 马克思. 资本论 ［M］. 北京：人民出版社，2004.
② 库兹涅茨. 各国的经济增长 ［M］. 北京：商务印书馆，1999.

行合理的收入分配才能促进经济增长，提高人均收入水平，进而成功跨越中等收入陷阱。

第二，从经济结构角度看，合理收入分配是解决刘易斯二元经济结构问题的需要。刘易斯在《劳动无限供给条件下的经济发展》中阐述了发展中国家的二元经济结构问题，由于农业生产效率低下，农业存在大量剩余人口，并且收入水平相比于城市工业劳动者差距较大，这样农业与工业、农村与城市呈现二元经济结构，不平衡严重阻碍了经济增长。目前中国城镇化率相对不高，农业收入水平和生产效率还与工业存在较大差距，具有典型的二元经济结构特征。因此，当前转移农业劳动人口实现工业化，提高城市化率，进而消除人均收入差距鸿沟是消除二元经济结构的重要手段，只有彻底改变二元经济结构情况中国才能进一步保持经济持续增长，成功跨越中等收入陷阱。

由表2-3可见，收入分配相对公平对于经济持续增长、跨越中等收入陷阱具有重要作用，相互之间高度相关。韩国作为顺利跨越中等收入陷阱国家长期保持相对合理的收入分配秩序，而拉美三个比较典型经济体都有较高的基尼系数，特别是巴西长期处于经济学划定的危险水平，是长期陷入中等收入陷阱的重要影响因素。需要注意的是，中国收入分配情况不容乐观，较长时间高于国际公认警戒线，在未来发展过程中分配问题是中国必须给予重要关注的领域。

表 2-3　典型国家近年基尼系数对比　　　　单位:%

韩国		中国		阿根廷		巴西		墨西哥	
年份	基尼系数	年份	基尼系数	年份	基尼系数	年份	基尼系数	年份	基尼系数
1994	—	1994	—	1994	45.92	1994	—	1994	51.89
1995	—	1995	—	1995	48.90	1995	59.57	1995	53.73
1996	—	1996	—	1996	49.52	1996	59.89	1996	48.54
1997	—	1997	—	1997	49.11	1997	59.80	1997	—
1998	31.59	1998	—	1998	50.73	1998	59.61	1998	48.99
1999	32.00	1999	—	1999	49.79	1999	58.99	1999	—
2000	31.70	2000	—	2000	51.06	2000	—	2000	51.87
2001	31.90	2001	—	2001	53.34	2001	59.33	2001	—
2002	31.20	2002	—	2002	53.79	2002	58.62	2002	49.68

续表

韩国		中国		阿根廷		巴西		墨西哥	
年份	基尼系数	年份	基尼系数	年份	基尼系数	年份	基尼系数	年份	基尼系数
2003	30.20	2003	47.90	2003	53.54	2003	58.01	2003	—
2004	31.00	2004	47.30	2004	50.18	2004	56.88	2004	46.05
2005	31.00	2005	48.50	2005	49.27	2005	56.65	2005	51.11
2006	31.20	2006	48.70	2006	48.26	2006	55.93	2006	48.11
2007	31.60	2007	48.40	2007	47.37	2007	55.23	2007	—
2008	31.60	2008	49.10	2008	46.27	2008	54.37	2008	48.28
2009	31.40	2009	49.00	2009	45.27	2009	53.87	2009	—
2010	31.00	2010	48.10	2010	44.50	2010	—	2010	47.16
2011	31.10	2011	47.70	2011	43.57	2011	53.09	2011	—
2012	31.60	2012	47.40	2012	41.20	2012	52.67	2012	48.07
2013	—	2013	47.30	2013	41.00	2013	52.80	2013	—
2014	—	2014	46.90	2014	41.40	2014	51.50	2014	—
2015	—	2015	46.50	2015	—	2015	51.30	2015	—
2016	—	2016	46.70	2016	42.40	2016	—	2016	—

数据来源：国家统计局。韩国数据来源于韩国统计厅网站，2012 年数据来源于中国国家统计局。表中空白年份数据统计局网站未公布。

四、发展战略与技术路线规划科学

从发展中国家向发达国家迈进的经济增长过程中，发展路径的选择对于一个经济体起到至关重要的作用。短期来看发展战略选择取决于客观国情与国际环境，长期来看正确的发展战略还在于政府长期合理规划与引导，在此过程中，科技水平与发展战略选择和经济增长后果高度相关。

由于"看不见的手"作用，在微观领域市场机制可以发挥更大效果，在宏观领域"看不见的手"往往出现市场失灵问题，涉及国家长期发展战略问题必须发挥政府宏观调控作用，制定适合自身情况的整体发展战略，进行总体层面的资源配置。发展战略决定整个国家资源配置的情况和方式，资源配置又影响到国家层面的技术发展路线，进而对经济发展进程起到重要作用。

（一）经济发展战略的重要作用

在跨越中等收入陷阱的过程中，有些国家获得了成功，较多的国家则陷入了中等收入陷阱，其中，发展战略的选择是成功与否的关键。

1. 发展战略及其作用

战略一词来源于军事科学，通常与战术相对应，主要用于表示地位重大、具有全局性或决定全局的谋划。美国著名经济学家、耶鲁大学教授赫希曼借鉴了战略一词的重要含义，1958 年在《经济发展战略》一书中提出了经济发展战略概念，将经济发展提到战略地位的高度，同时把经济发展与社会发展的相关问题紧密结合，借以探讨国家利用自身潜力、资源与环境，谋求经济社会发展的宏观策划。至此国内外经济学者开始重视国家的发展战略问题，并且把相关研究放在非常重要的位置。例如，改革开放是中国 20 世纪 70 年代末做出的重大战略决策，通过改变资源配置方式和对外发展方式从根本上改变了中国的落后面貌，极大促进了经济发展。同样，韩国在发展过程中不断根据具体情况调整自身发展战略，最终成功跨越中等收入陷阱进入高收入国家行列。

发展战略具有重要作用表现在多个方面。第一，发展战略具有长期指导作用。一个国家经济发展战略通常规划了本国较长时间的发展问题，在未来一定时间内国家的经济建设都围绕发展战略来进行，稳定了经济参与主体的心理预期，从长期上描绘了国家的发展蓝图。第二，发展战略具有宏观指导作用。战略与战术相对应，从经济范畴角度已经明确发展战略规定国家的大政方针，从宏观角度决定了国家未来的发展方向。第三，发展战略具有可操作性。发展战略通常规定国家未来发展的计划与措施，对于发展方向具有明确规定，指出具体行动办法，具有较强的可操作性。

2. 经济发展战略概述

经济发展战略是关于发展理念的重大规划与策略，事关国家发展的成败，因此，包含了长期重点问题，通常几个方面战略必不可少。

第一，科技创新战略。在国家的进步与发展过程中，科学技术是能够不断发展的核心动力，对于支持国家经济持续增长占据绝对重要地位。索洛经济增长理论指出，技术是经济增长的重要因素，科技创新的投入产出比例最高，因此，可以说科学技术是第一生产力。

第二，国家对外经济战略。在经济全球化背景下，任何国家都必须融入世界的发展当中去，因此，必须选择合适的对外发展战略。从发展水平较低的阶段开始，直到能够达到发达国家水平，通常经过初级产品出口、进口替代、出口导向、创新发展等几个不同水平的阶段，在本国不同的水平下必须尊重客观经济规律，逐步向高层次发展。

第三，产业结构战略。产业结构优化是指通过产业调整，使各个产业实现协调发展，在满足社会不断增长的需求过程中达到合理化和高级化。产业结构优化需要遵循产业技术与经济效果客观比例关系，遵循再生产过程比例性需求，促进国民经济各产业间的协调发展，使各产业发展与整个国民经济发展相适应。因此，产业结构合理发展是国民经济健康发展的重要因素，产业结构战略是国家经济发展战略的重要组成部分。

第四，人力资源战略。人力资源是促进科技进步和经济社会发展最重要的资源。国家经济稳健发展的进程，在很大程度上取决于国民素质的提高和人才资源的开发。多数发达国家之所以能够成功进入高收入国家行列，就是拥有丰富的高素质人力资源储备，人力资源战略也是发展战略中的重要组成部分。

第五，可持续发展战略。可持续发展是一种注重长远发展的经济增长模式，为了能够保持国民经济持续稳定健康发展，包括中国在内的世界各国都开始注重可持续发展的重要意义。1987年世界环境与发展委员会在《我们共同的未来》报告中第一次阐述了可持续发展的概念，得到了国际社会的广泛共识。跨越中等收入陷阱迈入高收入国家行列是一项持久的工程，因此，可持续发展是经济发展战略中必不可少的重要内容。

（二）技术进步与经济增长

技术进步是一个国家获得长期快速发展的重要保证，从国家发展的供给角度看，对于人口、资本、土地等经济资源都有一个渐进的开发过程并且受到条件约束，只有技术进步可以持久获得并且短期内取得重大突破，进而极大影响经济发展进程。国家经济的持续增长与发展战略的最终实现都与技术进步密切相关。

1. 技术进步与经济增长理论

技术进步对于经济增长具有重要作用，在经济发展过程中许多经济学家都认识到了这一问题，并且给予充分论述。

马克思创新理论。人们通常认为创新理论形成与完善是从熊彼特开始的，其实许多较早的经济学家都已经提出了技术进步方面的理论，例如，马克思通过相对剩余价值向绝对剩余价值转换、社会再生产等理论系统阐述了技术创新、内涵式发展等理论，提出技术进步可以获得更高经济效益。①

熊彼特与技术创新理论。熊彼特被认为是创新理论方面的重要代表，他在《经济发展理论》一书中首次系统提出了技术创新理论，阐述了创新是一种新的生产函数的建立，即实现生产要素和生产条件一种从未有过的新结合，并将其引入生产体系。熊彼特提出创新一般包含五个方面的内容：制造新的产品，采用新的生产方法，开辟新的市场，获得新的原材料或半成品新的供应来源以及形成新的组织形式。熊彼特开拓性地提出"创新"不是一个技术概念，而是一个经济概念，它严格区别于技术发明，而是把现成的技术革新引入经济组织，形成新的生产能力，并且因此极大促进经济发展。②

索洛与新古典增长论。索洛由于开创性提出新古典生产函数理论而获得了诺贝尔经济学奖，他阐述经济增长率取决于资本和劳动的增长率、资本和劳动的产出弹性以及随时间变化的技术创新，并提出经济增长的两种不同来源：一是由于要素投入数量增加而产生的增长效应，二是因为要素技术水平提高而产生水平效应的经济增长。索洛在《在资本化过程中的创新：对熊彼特理论的述评》中提出了创新成立的两个条件，即新思想的来源以及其后阶段的实现和发展，这种两步论被认为是技术创新概念界定研究上的一个里程碑。1957年，索洛在其发表的《技术进步与总生产函数》一文中，通过具体实例分析，阐述技术进步是经济发展的重要源泉，只有技术进步才能够导致人均产出永久性增长。

新熊彼特学派。新熊彼特学派的代表人物有曼斯菲尔德、莫尔顿·卡曼、南希·施瓦茨等，他们秉承了熊彼特的经济分析传统，强调技术创新和技术进步在经济增长中的核心作用。他们研究的主要问题有新技术推广、技术创新与市场结构的关系、企业规模与技术创新的关系等理论，认为技术进步对于经济增长具有重要促进作用。

其他创新理论还有以科斯和诺斯等人为代表的制度创新学派，该学派把熊彼特的"创新"理论与制度学派的"制度"理论结合起来，深入研究了制度安排对于国家经济增长的影响，发展了熊彼特的制度创新思想。并且还有以英国学者克里斯托夫·弗里曼、美国学者理查德·纳尔逊等人为

---

① 马克思. 资本论 [M]. 北京：人民出版社，2004.

② 熊彼特. 经济发展理论 [M]. 北京：商务印书馆，1990.

代表的国家创新系统学派，认为技术创新不仅仅是企业家的功劳，也不是企业的孤立行为，而是由国家创新系统推动的。

2. 技术进步经济效应

技术进步对于经济增长具有重大促进作用，表现在经济发展的多个方面：

第一，马克思在《资本论》中论述超额剩余价值的部分就已经提出通过技术进步可以获得更多的经济利益，因此，技术进步可以使技术更加先进的生产者获得更高的利润，产生的示范效应又带动其他生产者追求技术进步进而同样获得高收益。通过这一过程技术进步与经济增长互动，最终实现整体经济发展效益的提高。

第二，技术进步可以推动经济效率的提高。技术进步可以改变社会生产函数，同等投入获得更大产出，或者获得相等产出可以使用较少投入。所以技术进步在经济增长的过程中还有提高效率的功效，可以实现更加集约发展。

第三，技术进步还具有叠加效应。科技的进步可以推动相关领域的经济发展，多种技术进步可以全面推动整体经济水平的提高，产生的叠加效应可以促进发展成果达到几何倍数增长，带动多方面的进步。

第二篇

跨越中等收入陷阱问题与动力

第三章　中国经济发展进程与现实问题

　　中国经济真正取得突破性发展总体上是从改革开放开始的，按照经济学家罗斯托的发展阶段理论，改革开放开启了中国经济起飞历程，四十年来，经济发展的巨大成就举世瞩目，这一迅猛发展势头为中国以及世界带来了重要的机遇。2010 年是中国发展中的关键年份，"十二五"规划继续制定国民经济发展的方略，并且按经济总量衡量中国跃居世界第二大经济体，以人均收入计算，中国开始进入世界银行划定的高中等收入国家行列。这一时期，中国进入经济发展的重要转折节点，已经迈过了市场驱动、要素驱动的阶段，开始进入效率驱动、创新驱动的阶段。① 在此及其后续阶段，应该清醒地认识到，在经济高速发展的过程中存在着一定的问题，在中国需要成功跨越中等收入陷阱、进入高收入经济体行列的关键时期应该合理应对并设法解决。

一、中国当前发展进程

　　中国经济经过改革开放后一段较长时期的快速发展，已经从贫穷国家发展成为世界银行定义的中等收入国家，并在 2010 年迈入高中等收入阶段，在经济实力与国际竞争力大幅提升的情况下开始面临着更新阶段重要任务。

（一）世界银行发展阶段划分与中国发展概况

　　世界银行公布 2010 年的收入标准为：人均国民收入 995 美元及以下的国家，被划为低收入国家；人均国民收入从 996 美元到 12195 美元划为中等收入国家，并且中等收入国家分为两个层次：从 996 美元到 3945 美元为低中等收入国家，从 3946 美元到 12195 美元为高中等收入国家；高收入国家为人均国民收入 12196 美元及以上。并且，通过对于世界经济发展情况的测算，划分的标准会根据具体情况加以调整，依照世界银行 2018 年最新标准，人均国民收入 1025 美元及以下的国家被划为低收入国家；人均国民收入从 1026 美元到 12375 美元划为中等收入国家，其中人均收入从 1026 美元到

---

　　① 郑秉文. 中等收入陷阱：来自拉丁美洲的案例研究［M］. 北京：当代世界出版社，2012：285 – 318.

3995 美元为低中等收入国家，从 3996 美元到 12375 美元为高中等收入国家；高收入国家为人均国民收入 12376 美元及以上。[①]

根据世界银行公布的数据，中国 2010 年人均国民收入为 4550 美元，开始进入高中等收入国家行列。2011 年人均国民收入为 5618 美元，2012 年人均国民收入为 6317 美元，2013 年人均国民收入为 7050 美元，2018 年人均国民收入为 9977 美元，[②] 并且持续发展直到当前突破 1 万美元大关，经济发展态势总体良好，国民经济保持每年持续增长，在高中等收入区间稳定上行。通过对于世界银行划分标准与中国人均收入数值进行比较，可以看出，中国经济处于持续稳定增长的阶段，在稳定上行的同时与世界银行高收入水平的下限还有一定的距离，亟须寻找经济发展新动力避免陷入中等收入陷阱，当前需要持续保持一定时期的稳定中高速增长才能进入高收入国家的行列。

（二）中等收入陷阱阶段性成因与中国现实

2001 年中国人均国民收入为 1047 美元，开始进入中等收入国家行列，处于中等偏下水平。此后，通过继续加强要素投入，中国经济一直维持高速增长水平，即使 2008 年发生国际金融危机受到影响出现波动，但是在"四万亿"等大量经济资源投入的背景下，经济增长率还是举世瞩目的，2006 年人均国民收入为 2099 美元，2007 年人均国民收入为 2694 美元，2008 年人均国民收入为 3468 美元，2009 年人均国民收入为 3832 美元，[③] 持续保持较高增长幅度。中国自 2010 年进入高中等收入国家行列后，开始更加客观面对中等收入陷阱问题，要素驱动经济增长已经难以为继，需要转变发展方式，通过提高效率与加强创新来保持经济持续发展。其后经济增速变缓、发展面临新常态已经证实了经济发展进程的规律性。

多数中等收入经济体在发展过程中都陷入了中等收入陷阱，使得本国经济在一个较长的时间段内没有明显突破，有的甚至产生倒退。尽管各个经济体陷入中等收入陷阱的原因不尽相同，但是总体上都涉及了一些重点问题，具有明显的发展阶段性特征。一是发展过程中没有及时调整经济增长方式从而失去了模式升级的机遇。依靠初级产品、劳动密集型产品出口

---

①　世界银行：http://data.worldbank.org.cn/.

②　世界银行：http://data.worldbank.org.cn/.

③　世界银行：http://data.worldbank.org.cn/.

拉动本国经济增长的发展中经济体在进入中等收入阶段后，产品成本增加并且需求波动剧烈，多数经济体没有及时调整产品结构、转变发展模式和适应国内外市场需求，从而导致外贸严重逆差和经济大幅减速；还有国家长期通过牺牲环境实现经济增长，到达中等收入阶段开始陷入环境危机，需要支付巨额治理费用从而影响经济增长和收入增加，并且传统产业发展艰难导致经济情况恶化。二是发展过程中技术创新能力不足，处于国际产业链中低端难以获得高额经济附加值。多数经济体在达到中等收入水平后，缺乏自主创新的政策和机制，制约了国家和社会对研发的投入，不能培育出具有较强竞争优势的主导产业。这样一直处于国际产业链中低端难以获得高额经济附加值，在低端市场无法与低收入国家进行低人力成本竞争，在高端市场无法与发达国家进行高科技竞争以获取高收益回报，慢慢失去国家竞争力导致发展缓慢与停滞。三是工业化与城镇化发展水平不协调，扭曲的发展结构影响向高收入水平迈进。多数陷入中等收入陷阱的国家往往在经济高速发展后没有合理进行模式与结构优化，相对较低产业发展水平不能吸纳过高城镇化水平带来的大量就业人口，导致劳动力资源配置严重扭曲，进而拖累国家经济的发展。四是快速的经济发展与分配领域贫富差距加大形成难以调和的矛盾，影响了人力资源创造力的发挥。资源配置效率不合理是中等收入国家难以继续发展的重要原因，分配领域贫富不均、两极分化严重影响了整个国家与社会的生产积极性与创造性，过高的基尼系数使得国家存在较大内部矛盾，制约了经济继续较快发展的强劲动力，导致国家整体经济水平长期在中等收入阶段徘徊。

由此可见，中等收入陷阱具有一定的阶段性，通常发生在进入高中等收入阶段。在经济发展水平较低时，通过各种资源的粗放型不断投入就可以产生相应的经济回报，并且与经济水平相匹配的低劳动力工资水平也提升了商品与劳务的比较竞争优势，这一发展阶段基本是靠资源投入推动产生经济效益达到发展的目标。因此，从贫穷阶段进入低中等收入阶段通过资源投入还可以维持一定的发展，但是当经济发展达到高中等收入水平后，低技术含量产品生产的低成本优势开始逐步丧失，在低端市场难以与低收入及低中等收入的经济体竞争，出口导向、进口替代等发展模式由于技术含量低竞争力不足，经济结构不合理以及需求不足难以带动经济继续快速稳定发展。同时在高端市场由于产业结构与科技创新原因无法与发达国家竞争，因此科技研发能力与人力资本条件的限制阻碍了经济继续高速发展。中国经过多年高速发展在2010年进入高中等收入国家行列，当前也到了应对中等收入陷阱的重点时期，人均国内生产总值指数 2010 年为 110.1，2011 年为 109.0，2012 年为 107.2，2013 年为 107.2，2014 年为 107.4，2015 年为 107.0，2016 年为 106.8，2017 年为 106.9，2018 年为 106.6，2019 年为 106.1，[①] 增速开始下降，经济增长进入中高速发展的新常态。因此，在人均收入进入中高速发展阶段时，中国也相应进入中等收入陷阱问题的关键应对期，需要由资源推动发展转向科技推动、制度推动等内涵式发展方式，确保跨越中等收入陷阱进入高收入经济体行列。

二、中国经济发展历程与现状

中国在 2010 年达到高中等收入水平后，经济发展进入跨越中等收入陷阱的重要时期，最基本的事实就是经济发展总体态势良好，但是已经开始面临新的攻坚克难阶段，增速由过去认为的高速发展转为新常态下的中高速发展。

（一）中国经济发展历程

从新中国成立以来至今，中国经济发展取得了举世瞩目的成绩。同时，在面临跨越中等收入陷阱的重要目标前，还存在着一系列问题需要进一步解决来继续促进经济发展，最终促使中国稳步进入高收入国家行列。这期间的经济发展主要是在摸索中进行的，以改革开放为界主要分为两个部分。[②③④]

1. 新中国成立至改革开放前经济恢复、调整与波动期

这一阶段主要从 1949 年至 1978 年改革开放前，又分为几个小的阶段，其间虽有波折，但是国民经济还是保持了每年 6% 左右的增长率。

1949 年至 1957 年是中国由新民主主义向社会主义的过渡时期。1949 年至 1952 年是国民经济的恢复时期，1953 年至 1957 年是第一个五年计划时期，即社会主义改造和社会主义建设时期。在国民经济恢复期间，中国主要进行国民经济重建工作，还重点完成了统一国家财政经济工作、民主革命等重要任务，并且建立社会主义国营经济和恢复发展工商业、农业等工

---

① 国家统计局：http://www.stats.gov.cn/.
② 苏星. 新中国经济史 [M]. 北京：中共中央党校出版社，1999.
③ 刘仲藜. 奠基——新中国经济五十年 [M]. 北京：中国财政经济出版社，1999.
④ 杨德才. 中国经济史新论（1949—2009）[M]. 北京：经济科学出版社，2009.

作也都在这一时期进行，到 1952 年底，国民经济的恢复工作基本完成。从 1953 年起，中国开始了国民经济的第一个五年计划，主要是根据党和国家在过渡时期的总路线，对农业、手工业和资本主义工商业进行了大规模社会主义改造，初步建立了社会主义工业化的基础。在此期间，中国基本奠定了发展的基础，保持了国家经济的有序发展。

1958 年到 1966 年生产大跃进及其后调整期对于中国经济发展既产生了严重后果，也提供了宝贵的经验。生产大跃进违背了经济发展的许多客观规律，使得国民经济遭受了严重的挫折，也促使中国在经济建设中进一步探索适合中国自己发展的社会主义建设道路。新中国成立到改革开放前的这一时期，中国的经济发展基本上可以算是探索发展的过程，其间经历了重大的挫折。但是同时应该看到，这一时期比新中国成立之初还是有了长足发展，在艰难探索中努力前进，积累了宝贵发展经验和一定经济基础。

2. 改革开放开始国家崛起与经济腾飞新阶段

改革开放是中国崛起与经济腾飞的关键，开始直接促成中国从一个贫穷国家到高中等收入国家的转变，这一阶段也是探索与建设有中国特色社会主义道路和理论的重要时期。发展重点是以科学理论指导发展实践，资源配置优化是成功的关键。发展的过程主要有以下几个阶段。

1978 年提出改革开放到 20 世纪 90 年代初，是理论与实践摸索的时期。中国提出改革开放的重要标志是 1978 年 12 月，中国共产党召开了十一届三中全会。全会"重新确立了马克思主义的思想路线、政治路线和组织路线，做出了把党和国家的工作重点转移到社会主义现代化建设上来和实行改革开放的战略决策"。这次会议提出全国经济实行"调整、改革、整顿、提高"的方针，坚决纠正过去经济工作中的失误，社会主义经济建设必须适合中国国情，符合客观经济规律和自然规律；必须"量力而行，循序渐进，经过论证，讲求实效"，使社会生产的发展同人民生活的改善密切结合；必须在坚持独立自主、自力更生的基础上，积极开展对外经济合作和技术交流。十一届三中全会以后，全国的工作重点完全转移到以经济建设为中心的现代化建设轨道上来，并且开创了社会主义现代化建设新局面。

中共十六大召开前，是中国经济建设理论与实践发展的又一个重要阶段，既解放了思想、完备了理论，又把经济建设推向了新的高潮。这一阶段，"计划和市场都是经济手段。计划多一点还是市场多一点，不是社会主义与资本主义的本质区别"的重要思想彻底统一了认识，促进了发展，为经济发展奠定了理论与政策的重要基础。其后党的十四届三中全会上审议通过了《中共中央关于建立社会主义市场经济体制若干问题的决定》，进一步构建了经济发展的框架，极大促进了经济效益的提高，使中国摆脱了贫困，进入中等收入国家行列。

21 世纪开始，中共十六大到十八大期间是中国经济发展又一重要阶段，2003 年十六届三中全会提出了《中共中央关于完善社会主义市场经济体制若干问题的决定》，继续完善中国经济建设的政策指导，促进经济发展持续稳定，"五个统筹"更是全面协调了国家建设的各个方面。在此期间，中国经济平稳较快发展，综合国力大幅提升，到 2010 年，中国经济总量跃居世界第二，以人均收入衡量成功进入高中等收入国家行列。

2012 年党的十八大的胜利召开标志着中国经济发展又进入了一个新阶段，大会通过了《坚定不移沿着中国特色社会主义道路前进，为全面建成小康社会而奋斗》重要文件。其后，2013 年十八届三中全会根据经济建设的实际情况进一步完成了理论与实践的突破，提出《中央关于全面深化改革若干重大问题的决定》，要求市场在配置资源中起决定性作用和更好发挥政府作用，促使中国的国内生产总值和人均收入继续不断提高，极大提升了中国的国际地位与竞争力。十九大报告《决胜全面建成小康社会 夺取新时代中国特色社会主义伟大胜利》指出，国家发展主题是：不忘初心，牢记使命，高举中国特色社会主义伟大旗帜，决胜全面建成小康社会，夺取新时代中国特色社会主义伟大胜利，为实现中华民族伟大复兴的中国梦不懈奋斗。

纵观新中国成立后七十余年经济发展史，中国的建设成就举世瞩目，同时也应看到，中国经济发展核心动力是改革带来的资源更加高效投入，通过不断修正资源的配置方式促进了中国的经济腾飞。在高中等收入阶段，如果不陷入中等收入陷阱，就必须完成经济发展方式的重要转变，由资源推动转向制度推动、创新驱动，在继续优化配置资源的基础上，进行更高层次的发展动力升级。

（二）中国经济发展成绩与当前表现

从"十二五"后半阶段开始中国实际上已经把经济工作的重点放在更加注重发展质量上，目前中国经济发展情况是在不断取得增长成绩的同时，开始面对提高经济质量、应对经济增速趋缓的现实。

1. 长期增长成绩

从新中国成立开始计算，七十多年来中国在经济与社会发展方面取得了前所未有的发展，考虑到拥有十四亿人口的事实，可以说在世界经济史上都是一个奇迹。中国国内生产总值按照不变价格计算，在 1952 年到 2010 年平均增长速度为 8.2%，其中经济开始重建的 1952 年到改革开放前的 1978 年平均增长率为 6.1%，从发展角度看，按照经济学理论可以算为中高速增长；改革开放后，从 1979 年开始到进入高中等收入国家行列的 2010 年，平均年增长率为 9.9%。在此期间，中国城镇居民每年人均可支配收入从最初不足 100 元增加到 2010 年人均 19109 元，农村居民每年人均可支配收入从最初 45 元增加到 2010 年人均 5919 元。同期，中国的进出口贸易总额从 1950 年的 11 亿美元增加到 2010 年的 2.9 万亿美元，六十年间增加了 2700 多倍。从三次产业发展比例看，产业结构情况得到显著改善，第一、第二、第三产业结构比例从 1952 年的 50.5%、20.9%、28.6%优化为 2010 年的 10.1%、46.8%、43.1%，更加符合现代经济发展的特点。在农业生产中，2010 年中国粮食产量与 1949 年全国刚解放时期相比显著增长，人均产量增长大约 91%。从生活水平变化看，城乡居民的恩格尔系数分别由新中国成立初期的 80%与 90%以上，下降到 2010 年的 35.7%与 41.1%。①

　　通过以上数字可以清楚看到，无论是从新中国成立初期还是改革开放计算，中国经过几十年特别是近四十年的发展，经济建设成果丰硕，经历了一个较长时间的高速增长期，即使近几年 6%至 7%的经济增长率也是很好的表现。从经济总量看，1952 年国内生产总值为 679.0 亿元；1978 年国内生产总值为 3650.2 亿元，并且把该年国内生产总值指数设定为基础值 100；2010 年国内生产总值为 408903.0 亿元，以 1978 年为基础，国内生产总值指数值 2071.8；2019 年国内生产总值为 990865.1 亿元，以 1978 年为基础，国内生产总值指数值 3929.2。② 可见，中国成为世界第二大经济体有着坚实的经济发展基础，是一个长期持续发展的过程，从经济增长率看，七十年来平均增速达到 8%，这在世界发展进程中也是非常好的表现。

　　2. 高速增长到中高速增长经济表现

　　正是中国经济的长期快速发展，使得中国 2010 年在经济总量上成为世界第二大经济体，在人均收入上进入世界银行划分高中等收入水平。步入这一阶段，经济发展更加需要面对转型与优化的关键问题，多数处理不好经济转型的国家都是在这一阶段陷入中等收入陷阱。目前，中国的经济增速开始面临高速增长转向中高速增长的情况，在发展过程中需要正确加以

① 国家统计局：http://www.stats.gov.cn/.
② 国家统计局：http://www.stats.gov.cn/.

面对，这样才能最终成功跨越中等收入陷阱进入高收入经济体行列。

从数据看，全国 2010 年国内生产总值 408903.0 亿元，人均国内生产总值 30567 元，国内生产总值增长率 10.6%；2011 年国内生产总值 484123.5 亿元，人均国内生产总值 36018 元，国内生产总值增长率 9.5%；2012 年国内生产总值 534123.0 亿元，人均国内生产总值 39544 元，国内生产总值增长率 7.7%；2018 年国内生产总值 919281.1 亿元，人均国内生产总值 65880 元，国内生产总值增长率 6.7%。[①] 通过对比以上数据可见，在进入高中等收入国家后，中国的经济总量继续稳步提高，但是增速已经由高速增长开始转向中高速增长，客观上存在增速趋缓的事实。

从内容看，中国的经济增长存在一定问题，存在经济结构调整与优化的迫切要求。必须重点解决制约经济稳健发展的重大结构性问题，改善需求结构、优化产业结构、促进区域协调发展、推进城镇化建设。对于促进经济发展的"三驾马车"，中国需要更加重视扩大内需，建立扩大消费需求长效机制，努力释放居民消费潜力，同时保持投资合理增长，国内、国外市场并重。并且把发展实体经济作为经济增长的重要基础，在政策与制度上更加注重发展实体经济，推动战略性新兴产业、先进制造业发展，注重传统产业转型升级，发展壮大现代服务业与完善金融体制，合理布局建设基础设施和基础产业，在信息产业方面提升技术水平与国际竞争力。区域经济做好多点全面发展，发挥各地比较优势，优先推进西部大开发，全面振兴东北地区等老工业基地，大力促进中西部地区崛起，积极支持东部地区率先发展。经济效益上，要彻底摒弃过去"三高两低"粗放型经济发展模式，更加注重集约化发展，把近期经济效益与长远经济效益统一起来，实现可持续发展。经济动力上，当前的政策与体制还需完善，需要继续进行改革促进发展，实施创新驱动发展战略，把中国从"制造大国"变为"创造大国"。中国需要更加适应国内、国外经济形势新变化，"加快形成新的经济发展方式，把推动发展的立足点转到提高质量和效益上来，着力激发各类市场主体发展新活力，着力增强创新驱动发展新动力，着力构建现代产业发展新体系，着力培育开放型经济发展新优势，使经济发展更多依靠内需特别是消费需求拉动，更多依靠现代服务业和战略性新兴产业带动，更多依靠科技进步、劳动者素质提高、管理创新驱动，更多依靠节约资源和循环经济推动，更多依靠城乡区域发展协调互动，不断增强长期发展后劲"。

---

① 国家统计局：http://www.stats.gov.cn/.

三、新常态发展亟须解决的问题

伴随中国经济发展到跨越中等收入陷阱关键阶段，结构性问题开始不断显现，在迈向高收入经济体的进程中必须给予高度重视。经济结构合理是国民经济发展的关键所在，马克思早在《资本论》中就多次强调宏观经济方面要按照各种比例发展，结构扭曲会导致经济发展出现严重不平衡问题。中国经过几十年高速增长，经济发展虽然取得了丰硕的成果，但是也慢慢积累了一些结构性问题急需解决。

第一，三次产业结构问题。中国在跨越中等收入陷阱迈向高收入经济体的进程中，三次产业结构问题是需要重点关注的焦点。表3-1中是21世纪以来中国、美国、韩国三个国家的三次产业比例。选取美国作为比较的目标是因为该国为世界第一大经济体，同时也是世界发达国家的代表；选取韩国作为比较目标是因为该国与中国同处东亚地区，是近年来成功跨越中等收入陷阱的典型国家，并且在最近跨越中等收入陷阱的国家中，韩国是经济总量最大的经济体，具有更强的代表性。根据表3-1可见，中国的三次产业结构与中国自身发展纵向相比处于不断发展优化之中，但是与发达国家相比还有较大差距。经济结构问题真实反映了经济发展的水平，因此，成功跨越中等收入陷阱中国必须切实处理好国内三次产业发展比例，特别是产业科技含量问题。

表3-1 中、美、韩三国三次产业增加值占国内生产总值比重　　单位:%

年份	中国			美国			韩国		
	第一产业	第二产业	第三产业	第一产业	第二产业	第三产业	第一产业	第二产业	第三产业
2000	14.7	45.4	39.8	1.2	23.4	75.4	4.6	38.1	57.3
2001	14.1	44.7	41.3	1.2	22.3	76.5	4.4	36.6	59.0
2002	13.4	44.3	42.3	1.0	21.8	77.2	4.0	36.2	59.8
2003	12.4	45.5	42.1	1.2	21.6	77.2	3.7	36.7	59.6
2004	13.0	45.8	41.2	1.3	22.0	76.6	3.7	38.1	58.1
2005	11.7	46.9	41.4	1.2	22.2	76.6	3.3	37.7	59.0
2006	10.7	47.4	41.9	1.0	22.2	76.7	3.2	37.2	59.7
2007	10.4	46.7	42.9	1.1	22.0	76.9	2.9	37.1	60.0
2008	10.3	46.8	42.9	1.2	21.1	77.6	2.7	36.5	60.8

续表

年份	中国			美国			韩国		
	第一产业	第二产业	第三产业	第一产业	第二产业	第三产业	第一产业	第二产业	第三产业
2009	9.9	45.7	44.4	1.1	19.6	79.3	2.8	36.8	60.4
2010	9.6	46.2	44.2	1.2	19.8	79.0	2.6	38.8	56.5
2011	9.5	46.1	44.3	1.2	20.2	78.6	2.7	39.3	58.1
2012	9.5	45.0	45.5	1.2	19.9	78.2	2.6	39.1	58.2
2013	4.2	48.5	47.2	1.5	20.1	77.9	2.3	35.0	59.3
2014	4.5	45.6	49.9	1.3	20.2	78.0	2.3	34.7	59.6
2015	4.4	39.7	55.9	—	—	—	2.3	34.9	59.7
2016	4.0	36.0	60.0	—	—	—	—	—	—
2017	4.6	34.0	61.1	—	—	—	—	—	—

数据来源：国家统计局。

第二，二元经济结构问题。中国正处于从中等收入中国家进入高收入国家的进程中，目前城乡二元结构问题比较典型，并且由此带来影响国家进一步发展的"三农"问题，成为经济持续快速增长的严重阻碍。最早系统论述二元结构问题的学者是经济学家、诺贝尔经济学奖获得者刘易斯，他发展完善工业化带动理论，并据此于1954年在《曼彻斯特经济和统计研究》上发表发展经济学的经典代表作《劳动无限供给条件下的经济发展》，阐述了发展中国家的二元经济模型。他系统研究了二元经济结构问题，发展了工业化带动理论，并凭借二元结构理论模型获得了1979年诺贝尔经济学奖。1961年费景汉和拉尼斯对刘易斯模型进行了改进，从动态角度研究并完善了农业和工业均衡增长的二元结构理论，最终形成了刘易斯—拉尼斯—费景汉模型。根据这一理论，目前中国经济领域由于存在城乡二元结构导致"三农"等问题，引起经济建设过程中产生一系列矛盾。城乡二元结构对经济增长形成较大的障碍，阻碍中国经济的高速发展，促使中国经济结构产生扭曲，发展缺乏后劲。现代工业由于缺乏广阔的市场，必然出现过剩；而被分割的相对落后的农村，由于缺乏消费能力依然处于比较贫困状态，严重拖累了国民经济的均衡发展。[1]因此，跨越中等收入陷阱过程中中国必须解决二元经济结构问题。

---

[1] 刘易斯. 经济增长理论 [M]. 北京：机械工业出版社，2015.

第三，城镇化与工业化同步问题。目前中国城镇化与工业化发展进程不协调、不匹配也是影响经济发展的结构性问题。为此，2012 年党的十八大已经开始提出"坚持走中国特色新型工业化、信息化、城镇化、农业现代化道路，推动信息化和工业化深度融合、工业化和城镇化良性互动、城镇化和农业现代化相互协调，促进工业化、信息化、城镇化、农业现代化同步发展"。

经济发展中，城镇化可以创造有效需求，提供转变经济发展方式的重要内在动力；城镇化可以创造有效供给，提升转变经济发展方式的内在品质。并且，在发展经济的过程中，城镇化极大促进物质文明和人口素质的提高，使得城市文明、工业文明与经济发展相互促进，不断提升发展的品质。工业化给人类提供了一种推动社会进步的动力，不仅能够促进一个经济体物质财富的增长和积累进而带动经济发展，而且能够促使经济发展机制摆脱传统力量的约束，完成由传统社会向工业社会过渡。工业化是一个经济体在工业时代经济增长强劲有力的发动机，使得经济核心由初级产品生产向发达制造业生产转变，经济效益倍增，最终达到整个社会向更高阶段发展。当前，中国虽然清醒地认识到城镇化与工业化对经济发展的重要意义并为之努力，但是在发展的现阶段，尚且存在着城镇化与工业化发展进程不协调、不匹配进而影响经济发展的结构性问题。

第四，"三驾马车"对经济发展贡献率问题。在当今经济发展过程中，世界各国的联系越来越紧密，经济全球化使得世界各国都必须以开放的姿态参与到全球化当中，对外贸易成为影响经济发展的重要因素。同时，一个经济体的发展，更重要的是依靠自身实力进行经济建设，国内投资与消费决定国民经济的含金量，因此，对投资、消费与净出口进行合理调控是促进发展的关键所在。

根据表 3-2 可以看出，以近年投资、消费与净出口数据为例，中国当前带动经济增长的"三驾马车"存在一定问题，波动较大。首先，中国经济发展过于依赖投资。由于中国是计划经济转向市场经济，政府的职能相对过多过宽，在经济领域表现之一就是投资占据带动经济发展的重要地位。例如，在应对国际金融危机过程中实行了"四万亿"投资计划，虽然起到扭转经济形势的作用，但是投资效率不高，对于投资在经济发展中的作用还应给予合理考虑。其次，消费在经济发展中的比重不足。在经济发展的成熟阶段，消费应该占据带动经济增长的重要位置。但是根据表 3-2 可以看出，消费需求在中国经济中还没有达到合理的比重，直接导致经济结构出现问题，进而引起经济发展出现连锁反应。最后，过去经济发展过于倚重净出口，导致经济发展出现较大波动。中国提出改革开放，直接促进了外向型经济的快速发展，中国成为世界第一贸易大国的地位为经济发展作出了巨大贡献。但是，世界政治经济格局变化复杂，导致中国经济过于依赖对外贸易，国际经济波动对中国造成较大影响。由表3－2中2009年数据看出，2008年国际金融危机导致中国货物和服务净出口对国内生产总值增长贡献率急剧下降，严重影响国内经济，为了弥补这一缺口直接导致"四万亿"投资计划出台。

表3－2　消费、投资与净出口对国内生产总值增长贡献率　　　单位:%

年份	最终消费支出对国内生产总值增长贡献率	资本形成总额对国内生产总值增长贡献率	货物和服务净出口对国内生产总值增长贡献率
2004	39.0	54.0	7.0
2005	39.0	38.8	22.2
2006	40.3	43.6	16.1
2007	39.6	42.4	18.0
2008	44.2	47.0	8.8
2009	49.8	87.6	−37.4
2010	43.1	52.9	4.0
2011	56.5	47.7	−4.2
2012	55.1	47.0	−2.1
2013	50.0	54.4	−4.4
2014	56.3	45.0	−1.3
2015	69.0	22.6	8.4
2016	66.5	45.0	−11.6
2017	57.5	37.7	4.8
2018	62.8	44.8	−7.6
2019	57.8	31.2	11.0

数据来源：国家统计局。

第五，收入分配差距过大导致发展失衡。收入分配差距过大导致中国发展失衡，严重拖累经济增长速度。以国际通用衡量收入分配指标为例，中国基尼系数已经较长时间超过国际普遍认为需要加以警惕的0.4警戒线。从中国国家统计局公布数据来看，2003年基尼系数是0.479，2004年是

0.473，2005 年是 0.485，2006 年是 0.487，2007 年是 0.484，2008 年是 0.491 达到历史峰值，其后在最高点后逐步回落，2009 年基尼系数是 0.490，2010 年是 0.481，2011 年是 0.477，2012 年是 0.474，2013 年是 0.473，2014 年是 0.469，2015 年是 0.465，2016 年是 0.467，[①] 近期尽管有所下降但还是长期远高于国际警戒线。

　　收入差距过大导致社会稳定性差，阻碍社会创造与生产的动力与积极性，消除贫富差距过大将极大增强社会发展的活力。从经济学角度来看，中低收入者平均消费倾向和边际消费倾向都较高，高收入者虽然消费数额较大但是边际消费倾向相对较低，较大的收入差距从全社会角度也不利于扩大国家消费需求，进而影响整体经济结构失调，导致经济资源配置效率低下。

---

① 国家统计局：http://www.stats.gov.cn/.

第四章　跨越中等收入陷阱现实动力

——工业化与城镇化推动经济持续增长

中国目前人均收入已经达到 1 万美元，顺利进入高中等收入水平，并且正在努力向高收入国家行列迈进。从经济发展进程来看，中国正值工业化与城镇化发展的关键时期，工业化与城镇化将为中国进一步经济增长提供巨大发展空间，成为当前跨越中等收入陷阱的主要现实动力。

一、工业化与经济发展

党的十八大报告提出工业化和城镇化良性互动是中国现代化发展道路的重点，对于中国现阶段的稳定经济增长起到重要推动作用；[①] 并且综观世界主要发达国家都是工业化国家，因此，中国的工业化发展道路将是经济持续稳定增长的重要动力，对于跨越中等收入陷阱具有决定性意义。

（一）工业化内涵与理论

工业化是农业文明向工业文明发展的过程与结果，是国家发展过程中的机制变化，对于经济增长的促进作用极为重要。在发达国家工业化发展进程中各国对于工业化给予了高度重视并且投入大量研究，中国在借鉴世界发展先进经验的同时也对这一问题十分关注。

1. 工业化内涵

工业化是社会现代化的重要组成部分和显著特征，是由农业社会向更高级形式的工业社会发展过程，代表了人类文明的进步。工业化的通常标志是工业特别是制造业或者统称的第二产业在国民经济中的重要地位不断上升，在此过程中整个产业的产值在国民生产总值中比重持续加大，相关产业的就业人数在总劳动力中比重同样不断上升，并且普遍伴随着工业生产水平的不断进步，工业化的结果就是国家由传统的农业国家转变为现代化的工业国。在实现工业化的进程中，从整个国家的角度来看，经济结构、生产效率、资源配置、社会结构等情况相比传统社会产生了翻天覆地的变

---

① 十八大报告辅导读本编写组. 十八大报告辅导读本 [M]. 北京：人民出版社，2012：20－21.

化，表现在一个国家许多重要方面具有明显进步。

第一，工业化促进经济结构的发展与优化。工业化的内容是由传统农业生产为主转为工业生产占据社会生产的绝对地位，核心内容是社会科技水平与生产力水平的极大进步，工业化是大机器生产导致社会生产能力相比于过去农业生产效率成倍提高。农业生产让位于工业生产是因为比重下降，农业生产值是绝对提高的，这一经济结构的变化导致了社会各个层面深刻变革，最终经济效率与人均收入大幅增加使得社会与个人的生产与生活方式都产生重要改变。

第二，工业化导致社会生产机制的根本改变。传统的农业社会通常以自给自足为重要特征，而工业化生产的典型特征是社会分工与大机器生产，这必然要求运行机制的颠覆性改变，市场经济制度建立是工业化完成的前提与保证，也是工业化发展的要求与结果。

第三，工业化导致人口与社会互相促进与发展。工业化是农业社会向工业社会的转变，促进了工业文明的产生，在人口总体素质提高的过程中，必将产生更高的社会生产效率，反过来使社会生产得到进一步的提高。索洛增长模型中人口是经济增长的重要变量，在人类文明与生产能力的提高过程中社会经济发展必然不断相应提高，工业化必定导致人口与社会互相促进与发展。

第四，新型工业化赋予了更加丰富的发展内涵。社会不断发展进步已经使世界进入信息时代，工业化与信息化深度融合，新型工业化具有了更加深刻的内涵，社会生产进入一个全新的发展阶段。根据配第—克拉克定理与库兹涅茨法则，社会生产结构根据时代特征继续发生进步与转变，新型工业化的特征就是科技水平进一步提高与可持续发展，更加注重人的发展，体现在社会生产上，工业产业产值比重开始下降，服务业产值比重开始上升，工业化的重要性在于科技进步领域，体现在对于时代的引领方面。例如，移动支付通常被认为是第三产业部门，但是技术支撑是以新型信息技术作为基础。

2. 工业化相关理论

工业化发展进程有二百多年的历史，其间相关的理论也是不断发展演进的，具有代表性的主要理论有配第—克拉克定理、霍夫曼定理、钱纳里理论、库兹涅茨法则等。

早在17世纪，英国古典经济学家威廉·配第就开创性地对产业发展提出了相关论述，形成了配第定理。配第认为，由于各个产业的比较收益不同，当工业的生产收益高于农业生产收益时，产业发展开始由农业向工业转移；当商业收益高于工业生产收益时，商业就会快于工业获得更大发展。因为比较优势不同，随着经济的不断发展，劳动就业伴随收入差异逐步向第二产业继而是第三产业转移，由于资源的转移导致产业结构变迁与经济发展。① 此后，克拉克对配第论述相关理论进行进一步补充，形成了完整的配第—克拉克定理。克拉克认为，随着经济发展和收入水平提高，各个产业间存在着从第一产业向第二产业继而是第三产业转移的客观规律，并且伴随产业发展各个产业在国民经济中的比重也具有相关趋势。

霍夫曼定理是关于工业化发展的重要定理，1931 年德国经济学家霍夫曼在其著作《工业化的阶段和类型》中提出，随着一国工业化进程的发展，消费资料生产工业相比于资本资料生产工业的比重逐步下降，并且提出了工业化进程主要分为四个发展阶段，开始消费资料生产工业比重占据重要地位，但是随着工业化发展，最终资本资料生产工业在制造业中的比重超过消费资料生产工业，完成重化工业发展的进程。

钱纳里长期从事经济发展、产业经济及国际经济等方面的研究，主要著有《产业联系经济学》《工业化进程》《发展计划研究》《结构变化与发展政策》等著作，系统提出了自己关于工业方面的理论。钱纳里的工业化阶段理论认为，从不发达经济发展到成熟工业经济的过程划分为六个阶段，从任何一个发展阶段向更高一个阶段的发展都是通过产业结构转化来推动的，最终形成现代化社会。②

经济学家库兹涅茨在其《国民收入及其构成》《现代经济增长》《各国的经济增长》等著作中提出关于产业发展的系统论述，最终形成了完整的库兹涅茨法则。库兹涅茨利用统计学理论对于产业发展进行科学分析，认为伴随经济发展与收入提高，产业结构是不断向着高级形式变化的，三次产业的发展具有内在的客观规律并且是一个有序的发展变迁过程，发达国家的工业与服务业占据重要地位，产业结构与经济发展和收入水平之间具有高度相关性。③

（二）工业化对经济发展的促进作用

当今世界主要发达国家都是完成工业化的国家，在这些国家的发展进

---

① 配第. 配第经济著作选集［M］. 北京：商务印书馆，1981.

② 钱纳里. 工业化和经济增长的比较研究集［M］. 上海：格致出版社，2015.

③ 库兹涅茨. 各国的经济增长［M］. 北京：商务印书馆，1999.

程中，工业化对于经济发展具有巨大促进作用。中国要跨越中等收入陷阱进入高收入国家行列必须完成工业化，实现现代化。

第一，从经济增长角度看，工业化是促进国家经济增长的强劲动力。工业化的实质是传统农业生产转向工业化大生产，是国家发展重要内容产生根本转变，是全部物质基础的更新升级。在促进经济增长方面衡量，工业化需要大量投资进行全社会生产方式的根本变革，同时，大规模的社会生产又极大促进了生产与生活等各个方面的消费，是拉动国家经济增长的强劲动力。

第二，从经济结构角度看，工业化是推动经济结构优化的根本保证。工业化是国家发展过程中生产力方式与水平的根本变革，极大改变了社会生产的内容。工业化导致从农业生产到工业生产的巨大科技进步使得全社会科学技术水平有了质的飞跃，高科技产业代替了初级产业，更加先进的生产方式代替了传统生产方式，完成了整个社会经济结构的优化与进步。

第三，从经济效率角度看，工业化是实现持续高效发展的重要途径。工业化是对传统自给自足生产方式的彻底颠覆，社会化大生产和现代大机器普遍使用是工业化的重要特征，正是由于这种组织形式与科学技术的升级换代极大地提高了社会生产效率，使得二百多年工业化发展积累了人类发展史上绝大多数财富和科技史上绝大多数先进技术。近代世界经济快速增长主要得益于生产效率的提高，投入较少经济资源生产出更多产品与服务，并且科技水平的持续提升更加有助于以较少代价获取更大的收益，尽量更少消耗经济资源，更大程度地保护环境，努力实现可持续发展。因此，从发展效率角度看，工业化短短二百余年的发展超越了过去全部的发展进程，是经济高效增长的重要途径。

第四，从经济制度角度看，工业化是促进经济制度进步的坚实基础。马克思主义认为，生产力决定生产关系，经济基础决定上层建筑，工业化作为一个国家综合发展水平的重要衡量与标志，对于经济制度方面的建设具有重要意义。① 工业化促使国家从农业社会转向工业社会，使得自给自足的经济转变为市场经济，在工业化进程中，社会化大生产提供了重要技术与物质基础，导致价格机制、竞争机制、供求机制及利益机制等各种只有在市场经济条件下才会有效发挥作用的现代机制充分展现对于经济发展的促进作用，既完善了现代经济制度的建设，又直接提高了效率、加快了

---

① 马克思. 资本论 [M]. 北京：人民出版社，2004.

增长。

二、城镇化与经济发展

城镇化对于国家现代化发展同样具有重要作用，因此党的十八大报告提出城镇化是中国当前促进经济发展的重要举措，对于全面建成小康社会具有不可替代的深刻意义。[①] 城镇化与国家经济发展高度相关，可以为保持国民经济增长提供持续动力，极大促进中国的经济建设，是中国成功跨越中等收入陷阱的重要动力。

（一）城镇化内涵与理论

城镇化可以说是伴随着工业化并行发展的，从产业角度看是工业化发展的过程，从地理角度来看工业发展导致的人口聚集是城镇化发展的重要内容。

1. 城镇化内涵

城镇化与城市化的国外表述都使用了"urbanization"一词，在中国不同经济学家的研究中二者常常也没有明确的界限与清晰的论述，现今，中文关于这一问题的表述通常使用城镇化的用法。城镇化问题的提出与发展已经有二百多年历史，并且伴随经济发展逐步丰富与完善。被认为最早论述相关城市化方面问题的是索·塞尔达，1867 年他在著作《城市化概论》中提出了城市化（urbanization）一词，并给出了早期的研究成果。塞尔达提出城市化与国家的经济增长具有动态相关性，并且研究了人口及其就业在城乡之间的分布变化情况。

城市化不仅仅包含物质意义上从农村到城市的转变，并且由于人口聚集方式的改变带来了生产方式、生活方式、思维习惯等多方面的重要变革。从人口角度看，城镇化的外部表现是人口的聚集形成了城镇，全国范围内大规模形成城镇的过程就是城镇化。因此，城镇的产生与发展与农村人口聚集形成城镇密切相关，城镇人口显著聚集及其占总人口比重不断提升是城镇化的显著特征，对于城镇化衡量的重要标准也是城镇人口与国家总人口的比重。从地理空间角度看，城镇化是人口活动区域的转换，随着城镇化发展，城市人口增多与聚集，与之相伴的是农村人口的流失与减少，农

---

① 十八大报告辅导读本编写组. 十八大报告辅导读本［M］. 北京：人民出版社，2012：20 –24.

业用地逐渐变为工业用地，农村变为城镇，传统农业生产区域变为工业区、商业区与居住区，逐步形成国家总体范围内城镇区域不断扩大，城镇化率不断上升。从产业发展角度看，城镇化与工业化密切相关，农业人口持续减少意味着农业比重逐步下降，以城镇为重要基础的第二、第三产业持续发展，非农产业的大规模发展同时带动社会总体劳动生产率大幅提高，促进产业的演化与经济的增长，工业化率、城镇化率与经济发展具有较高正相关性。

2. 城镇化相关理论

世界城镇化理论发展历史有二百余年，形成了不同的理论流派，其中影响较大的理论流派主要有增长极理论、核心—边缘理论、循环累积理论与中心地理论等，由于城镇化与工业化密切交织，刘易斯的二元结构理论、刘易斯—拉尼斯—费景汉模型等也对此有相关的论述。①

增长极理论是由法国经济学家佩鲁提出的，被公认为是西方区域经济学中区域经济发展理论的基石，是非均衡发展理论中的经典理论。佩鲁的增长极理论认为国家的发展是不平衡的，平衡的发展只是一种理想状态，发展的现实通常是存在一个或者几个经济增长中心，并逐渐向其他地区或者产业部门辐射与传导。因此，应选择特定的地理空间作为经济发展的增长极用来带动整个国家经济的发展。佩鲁认为，把能够起到带动效应的经济增长地理空间作为全国整体发展的增长极，围绕这一中心组织经济发展资源推动主导产业部门快速发展，进而通过强大示范效应引领其他部门或地区跟随增长，产生经济发展的乘数效应，极大促进社会生产水平的提高。这一发展过程是不平衡的，并且存在时间发展序列，首先是出现一个或者数个具有优势发展地位的增长极，这些增长极由于存在强大的发展优势和带动能力，不断向外传导与扩散，最终促进整体的发展。经济增长极作为一个区域经济发展引领力量，自身不仅形成强大的规模经济，对于其他部门或地区经济也产生着支配效应、乘数效应和极化与扩散效应，通过这三种效应的产生，增长极充分显示了带动总体经济增长的重要核心地位。这样，城市作为国家经济发展的节点，就是经济发展中的增长极，国家通过不断大规模城市化，最终使得经济发展的能量辐射与扩散到全国各个地区，推动国家经济大幅度、全方位增长。增长极理论最初由佩鲁提出后引起了广泛重视，许多研究地理空间方面的经济学者把这种理论引入空间经济方

---

① 王新文. 城市化发展的代表性理论综述［J］. 济南市行政学院学报，2002（1）：25－29.

面，用增长极理论来论述有关地理空间方面的经济问题。法国经济学家布代维尔、美国经济学家弗里德曼、瑞典经济学家缪尔达尔、美国经济学家赫希曼分别在不同程度上进一步丰富和发展了这一理论，使增长极理论成为研究地理空间经济领域的重要理论。

除了增长极理论外，弗里德曼提出了核心—边缘关系理论，缪尔达尔提出了循环累积理论，克里斯塔勒提出了中心地理论，这些理论都从一些方面论述了地理空间对于经济发展的作用，为城镇化发展提供了理论借鉴。此外，刘易斯的二元经济结构理论、刘易斯—拉尼斯—费景汉模型等也都从产业与空间等角度论述了农村与城市发展方面的问题。这些具有代表性的城镇化发展理论为中国的城镇化与经济发展提供了重要借鉴。

（二）城镇化对经济发展的促进作用

城镇化是中国当前发展的一项重要工作，也是扩大国内需求、促进经济增长的重要动力。党的十八大把城镇化列为"新四化"发展的重点内容，2015 年政府工作报告明确提出"推进新型城镇化取得新突破。城镇化是解决城乡差距的根本途径，也是最大的内需所在。要坚持以人为核心，以解决三个 1 亿人问题为着力点，发挥好城镇化对现代化的支撑作用"。可见，从经济发展的理论与实践角度，中国已经充分重视城镇化对于经济发展的促进作用。

第一，城镇化提供经济发展的强大需求。城镇化是农业人口向城镇聚集、创造更大规模城镇的过程，在这一过程中，大量的农业人口向城市聚集，产生了强劲的经济增长需求，对于经济增长具有极大的促进作用。经济理论认为促进经济增长通常从总需求与总供给两方面采取措施，城镇化的发展过程自动创造了大量的国内需求，提供了经济发展的持续动力。在城镇化的过程中，由于大量人口进入城市，衣食住行等基本生活问题产生大量消费需求；同时，进入城镇的人口需要获得就业机会维持生存与发展，为这部分人口提供就业岗位的部门产生比以往更多的生产需求，生活需求与生产需求共同构成了强劲的国内需求。并且，城镇化促进国家经济发展，提升了人民的生活质量，由此衍生出大量的升级换代需求，同样极大拉动发展过程中的国内需求。另外，城镇化是一个长期发展的过程，国外的发展经验证明，一个国家从摆脱贫困到进入高收入经济体行列最少也需要几十年的过程，每年国家的城镇化率只会小幅提升，所以城镇化还是一个长期渐进发展的过程，这将提供经济增长的持续动力。

第二，城镇化促进经济结构优化升级。城镇化导致大量农业人口进入城市，农民转变为市民，这种转变不仅仅是称呼的转变，带来的是人口就业方式的转变和国家整体生产方式的重要调整。农业由于自身的生产特点，在经济发展的过程中对于劳动力的吸纳能力有限，因此在国家快速进行城镇化时期，必将有大量的就业人口转向第二和第三产业，正如配第—克拉克定理、霍夫曼定理及库兹涅茨法则等经典理论描述那样，伴随着城镇化快速发展将是工业与服务业的迅速增长，促进国家整体经济结构优化升级。

第三，城镇化提升经济资源的配置效率。城镇化不仅仅是人口与经济资源在地理空间上的简单转移，更是对于资源配置方式的优化，可以显著提升经济发展的效率，在国家层面极大促进整体经济效益的提高。首先，在传统农业生产向社会化大生产的过程中，会产生经济资源的集聚效应与规模效应，显著降低生产过程中的经济成本，提高投入产出比例，带来过去传统方式没有的经济效益。其次，分散的农业生产转变为现代化大生产方式会加速市场机制的形成与完善，通过市场价格机制、竞争机制、供求机制与利益机制等实行优胜劣汰，可以从社会整体层面提高资源的流动性与配置效率，促进国家经济的健康发展。最后，城镇化水平大幅提高促使国家更多转向发展工业与服务业的同时，客观上提升了国家整体科技水平，通过科技进步提高了资源配置效率与经济增长收益。

第四，城镇化提高人力资源的总体素质。城镇化导致人口在居住与沟通方式上产生了显著变化，与之相适应的是教育事业的高效发展，这种方式促进了文化体育等事业发展和人口素质的全面提高，使国家人力资源水平有了全面提升。在经济发展过程中，人口综合素质与国家经济发展水平息息相关，城镇化进程的加快必将促进人力资源总体水平迅速发展。

三、工业化和城镇化对跨越中等收入陷阱的推动作用

工业化与城镇化是每个经济体发展到一定阶段都必须面对的问题，2010年中国人均收入开始达到高中等收入水平，面临迈入高收入经济体行列的相关问题，这一时期正是中国完成工业化进程、提高城镇化率的重要阶段，工业化与城镇化的良性互动将给中国经济稳步增长提供持续动力。

（一）工业化和城镇化的相互促进与效应叠加

中国宏观政策提出工业化和城镇化良性互动，新四化同步发展，政策

支持作用进一步加强了工业化和城镇化对于经济增长的作用力度。根据经济发展阶段理论，工业化与城镇化不是孤立的，二者在一个国家的发展过程中往往是正向同步进行的，对于推动经济增长具有叠加效应。

1. 工业化和城镇化相互促进

在中国迈向高收入经济体的过程中，工业化和城镇化是同一阶段的侧重点不同的同等重要任务，具有高度的相互促进作用。首先，工业化是城镇化的重要基础。城镇化表现为农业人口向城镇聚集的过程，在这一过程中，农业人口离开原有的土地与生产方式进入城市，必须使得城市具有更强的人口吸纳能力和更好的发展环境，这样才能使得农业人口能够持续向城镇流动，提高城镇化水平。相比于农村更小的地理空间范围内，城镇能够持续吸纳大量的农业流入人口就必须具有高于农业的产业发展能力和更好的经济发展环境，能够完成这一目标只能依靠优化产业结构和提高科技创新水平来完成，因此，工业化是解决问题的重要途径。工业化是城镇化发展的产业基础，工业化水平的高低与效益的好坏决定了城镇化的进程与效果。其次，城镇化是工业化的重要保证。工业化生产的重要前提是大生产的规模效益，只有经济效益的提高才能促进研发的投入、科技水平的提高，进一步推动工业化的规模发展。城镇化是从中等收入迈向高收入发展过程中最大的国内需求，提供了从投资到消费的强劲拉动力量，因此城镇化的发展情况是工业化顺利发展的重要保证。在工业化与城镇化同步发展的进程中，随着城镇化进程的加快、城镇功能的扩大、辐射能力的增强、集聚效应的发挥等，又会把工业化发展阶段不断推向更新的高度，这是经济发展的客观规律。同时，城镇化极大提高了人口素质和生产效率，作为工业化发展中重要的人力资源因素更进一步提升了工业化的发展水平。

2. 工业化和城镇化效应叠加

工业化和城镇化是当前发展中的重中之重，二者具有高度的叠加效应，是中国现阶段保持经济稳定增长、跨越中等收入陷阱的必由之路。

城镇化是中国发展的重点目标，为经济发展提供了最大国内需求；工业化是中国提升国家经济实力的重要手段，从供给角度看，为中国经济发展提供了强大动力。城镇化需要解决的是人口安置、产业转换等多方面问题，创造出大量的需求需要解决，因此，工业化产生的强大生产能力就会具有明确的目标与定位，二者合理结合产生的叠加效应会极大促进国家的经济发展。宏观经济学认为促进经济增长要从需求与供给两个方面考虑，并且在国家层面来看必须要保证总需求与总供给在总量和结构两个方面基本平衡，这样经济发展才会持续稳定，不至于大起大落。当前中国的工业化和城镇化作为现今阶段的重要工作，可以在需求与供给这两个方面做到互相促进，为经济持续发展提供合理实现途径。

工业化和城镇化的效应叠加还表现在二者充分适应当前中国发展的现实国情，与国家的发展政策保持高度一致，获得政策方面的支持与发展的良机。中国提出"两个百年"目标是当前发展的重要方向，国家经济实力的提升与人均收入的倍增需要实现工业化和城镇化加以保障，因此，工业化和城镇化的发展体现了当前发展的时代特征，产生的叠加效应会更加促进经济持续稳健发展。

（二）工业化和城镇化是跨越中等收入陷阱的现实动力

综合中国当前工业化与城镇化发展情况，在中国跨越中等收入陷阱的过程中，工业化和城镇化与高收入国家相比还有很大增长空间，赶超过程中必将释放巨大经济发展潜力，推动经济持续稳定增长。

1. 工业化与城镇化国际情况比较

表4－1反映了中国、美国、韩国三个典型经济体三次产业增加值占国内生产总值比重情况。选取1988年作为对比的初始年份是因为1988年韩国开始进入世界银行划定的高中等收入水平，并且韩国是近年来成功跨越中等收入陷阱的典型经济体，1995年成功进入高收入经济体行列。[①] 选取美国作为比较的对象是因为美国一直是世界发达国家的代表，同时也是目前世界第一大经济体。由表4－1可见，美国作为高收入国家代表三次产业情况中农业发展平稳并且已经没有下降的空间，工业比重略有下降但也开始相对保持稳定，服务业到达一定水平后比重也处于稳定阶段，近年来三次产业情况总体上处于变动不大的发展态势。韩国达到高中等收入水平后，工业比重基本保持相对稳定，农业比重开始逐步下降而服务业开始上升，三次产业发展情况虽然与美国比重情况不同，但是逐步趋向更加合理发展。中国于2010年人均收入水平达到高中等收入标准，与韩国1988年达到高中等收入水平时情况相比，农业比重基本相同，工业水平高于韩国当时比重，服务业相对低于韩国当时的比重，在达到高收入水平的过程中还有较大的发展空间。中国当前需要在降低农业比重的同时，更加需要提高工业生产科技含量，提升金融、交通、电信、教育、信息以及科研等现代服务业的

---

① 世界银行：http://data.worldbank.org.cn/.

发展水平。根据配第—克拉克定理与库兹涅茨法则的阐述，中国的经济增长必须与产业结构优化升级互相促进，达到库兹涅茨法则描述的有序变迁。以中国当前国内生产总值总量为基础，工业化水平在向高收入经济体赶超的过程中对经济增长起到重要推动作用，持续稳定的经济增长过程是跨越中等收入陷阱的重要保证。

表 4 –1　中、美、韩三国三次产业增加值占国内生产总值比重　　单位：%

年份	中国			美国			韩国		
	第一产业	第二产业	第三产业	第一产业	第二产业	第三产业	第一产业	第二产业	第三产业
1988	25.4	43.4	31.2	2.0	29.6	68.3	9.9	38.4	51.7
1990	26.7	40.9	32.4	2.1	27.9	70.1	8.2	38.2	53.6
2000	14.7	45.4	39.8	1.2	23.4	75.4	4.6	38.1	57.3
2002	13.4	44.3	42.3	1.0	21.8	77.2	4.0	36.2	59.8
2004	13.0	45.8	41.2	1.3	22.0	76.6	3.7	38.1	58.1
2006	10.7	47.4	41.9	1.2	21.2	76.7	3.2	37.2	59.7
2008	10.3	46.8	42.9	1.2	21.1	77.6	2.7	36.5	60.8
2010	9.6	46.2	44.2	1.2	19.8	79.0	2.6	38.8	56.5
2012	9.5	45.0	45.5	1.2	19.9	78.2	2.6	39.1	58.2
2014	4.5	45.6	49.9	1.3	20.2	78.0	2.3	34.7	59.6
2015	4.4	39.7	55.9	—	—	—	2.3	34.9	59.7
2016	4.0	36.0	60.0	—	—	—	—	—	—
2017	4.6	34.2	61.1	—	—	—	—	—	—

数据来源：国家统计局。

　　表 4 –2 反映了中国、美国、韩国、巴西四个典型经济体城市人口比重对比情况，利用城市人口比重指标代表的城镇化率分析各国城镇化情况。增加巴西作为对比的对象是考虑巴西在达到高中等收入水平后一直未能继续取得突破进入高收入经济体行列，巴西被公认为长期陷入中等收入陷阱的代表。根据表 4 –2，美国、韩国、巴西三个国家无论各自发展情况如何，自 1988 年开始，城市化比例基本相差不大，并且一直处于缓慢的增长过程，二十多年增长了 10 个百分点左右。通过对比，中国 2011 年城市化率刚刚过半，距离高收入国家还有较大的差距，比韩国达到高中等收入水平时相差 20 多个百分点。差距表明中国的城市化进程相对落后，中国要成功跨越中

等收入陷阱就必须大力推进城镇化,提高城镇化率,结合中国 14 亿人口基数的现实,城镇化将为中国的经济增长提供强劲发展动力。

表 4-2　典型国家城市人口比重对比　　　　　　　　单位:%

韩国		中国		巴西		美国	
年份	城镇人口比重	年份	城镇人口比重	年份	城镇人口比重	年份	城镇人口比重
1988	70.39	1988	25.81	1988	72.34	1988	74.94
1990	73.84	1990	26.40	1990	73.92	1990	75.30
1992	75.82	1992	27.46	1992	75.44	1992	76.10
1994	77.45	1994	28.51	1994	76.90	1994	76.88
1996	78.66	1996	30.48	1996	78.30	1996	77.64
1998	79.15	1998	33.35	1998	79.78	1998	78.38
2000	79.62	2000	36.22	2000	81.19	2000	79.06
2001	79.94	2001	37.66	2001	81.55	2001	79.23
2002	80.30	2002	39.09	2002	81.88	2002	79.41
2003	80.65	2003	40.53	2003	82.20	2003	79.58
2004	81.00	2004	41.76	2004	82.52	2004	79.76
2005	81.35	2005	42.99	2005	82.83	2005	79.93
2006	81.53	2006	44.34	2006	83.14	2006	80.10
2007	81.63	2007	45.89	2007	83.45	2007	80.27
2008	81.73	2008	46.99	2008	83.75	2008	80.44
2009	81.84	2009	48.34	2009	84.04	2009	80.61
2010	81.94	2010	49.95	2010	84.34	2010	80.77
2011	82.04	2011	51.27	2011	84.62	2011	80.94
2012	82.14	2012	52.57	2012	84.90	2012	81.11
2013	82.25	2013	53.72	2013	85.17	2013	81.28
2014	82.36	2014	54.77	2014	85.43	2014	81.45
2015	82.47	2015	56.10	2015	85.69	2015	81.62
2016	82.59	2016	57.35	2016	85.93	2016	81.79
2017	82.71	2017	58.52	2017	86.17	2017	81.96

数据来源:国家统计局。

　　2. 工业化与城镇化动力作用

　　通过上述数据可以看出，与中国达到高收入水平需要赶超的目标相比，在相关指标上中国的工业化和城镇化发展水平都有较大差距，在中国跨越中等收入陷阱的过程中充分利用中国工业化和城镇化的发展契机，对于推动中国当前经济增长具有巨大促进作用。

　　第一，确保经济增长率稳定达到中高速水平。从供给方面看，经济增长的主要推动因素有两类，一是经济资源投入数量的增加，二是科技与效率方面的提高，中国工业化为经济增长提供持续发展动力。中国当前工业化水平与高收入国家相比存在一定差距，工业化发展是中国重点任务，因此在索洛模型的资金投入项上保持稳定增长，同时工业化本身就是科技水平整体提高的过程，索洛余量代表全要素生产率会保持一个长期稳定的增长过程，会在未来一段时间的发展过程中维持增长率基本不会较大下滑，可以达到中高速增长。从需求方面看，城镇化率的提高需要大量投资，人口从农村转入城市会在衣食住行等方面产生大量消费需求，将极大促进相关行业发展，城镇化率不断提升可以带动经济持续稳定增长。

　　第二，有利于防控通货膨胀与保持本币汇率稳定。工业化和城镇化从社会总供给与总需求方面为经济发展提供重要动力机制，通过改善经济总量平衡推动了经济保持稳定增长。经济总量与结构的平衡可以促使政府采取稳定的货币与汇率政策，保持货币需求与供给的平衡，同时通过保持经济结构合理维持国际收支相对平衡，进而稳定本币汇率。货币短期非中性可以对于经济运行造成深远影响，因此消除通货膨胀与保持汇率稳定对于经济增长具有重要意义，是成功跨越中等收入陷阱的重要影响因素。

　　第三，有利于收入分配趋于合理，促使基尼系数保持稳定下降态势。工业化水平提高表现为生产方式由农业生产向工业生产的转变，从生产效率角度看可以激发远远高于农业的生产力，根据马克思再生产理论，生产力的提高可以传导到分配与消费领域，进而促进经济增长。同时，城镇化是改变中国经济二元结构的根本途径，可以有效消除城乡之间生产效率与分配公平方面的问题，缩小城乡经济发展水平的差距，促使中国较高的基尼系数保持逐步稳定下降，借以通过完善收入分配保持社会再生产的顺利进行，促进经济稳定增长。

　　第四，推动经济结构优化与科技水平提高。工业化是从农业社会向工业社会发展的过程，从产业发展角度看农业生产比重趋于下降，工业与服务业产值相对上升，工业化的实质就是遵从配第—克拉克定理与库兹涅茨法则的客观规律完善产业发展结构。同时，农业生产向工业生产变迁的过程也是科技进步的过程，实现工业化必然通过创新发展推动科技水平不断提高。城镇化是从人口与地理角度研究社会发展问题，提高城镇化率必然形成聚集效应，促进规模经济，在完善社会分工的过程中推动产业优化升级与科技水平不断提高。

第五章   跨越中等收入陷阱的制度动力
——体制改革释放经济增长红利

始于 20 世纪 70 年代末期的中国经济体制改革是近几十年经济持续快速发展的关键，在当前跨越中等收入陷阱、迈向高收入经济体的过程中，经济体制不断改革与完善是保证经济增长的制度动力。

改革对于经济发展具有重要促进作用，已经形成系统的理论。以凡勃伦与康芒斯等经济学家为代表的制度经济学派就已经开始深刻论述了经济制度与经济发展的关系。凡勃伦被认为是制度经济学先驱，他提出：制度就是人们的思想习惯，财产、价格、竞争、市场、货币、企业、政治和法律等，都是广泛存在的社会习惯。制度受环境的影响，环境发生变化，制度就会随之而变，并对经济发展产生作用。[①] 康芒斯发展了制度经济学并成为制度经济学的奠基人与代表者，著有《制度经济学》和《资本主义法律基础》等有关制度理论的经典著作，他同样认为制度在经济发展中有着重要作用。[②]

以科斯、诺斯等诺贝尔奖获得者为代表的经济学家进一步研究了制度及其变迁对于经济发展的意义，并逐步形成了新制度经济学派，已经成为经济学的一个重要流派，形成了交易费用理论、制度变迁理论、产权理论、合约经济学与委托—代理理论、企业理论、国家理论、公共选择理论、宪政经济学、演化经济学、新经济史学等多个分支，从不同角度提出制度对于经济发展的重要作用，具有广泛的影响力与解释力。[③]

中国的经济体制改革是根据当时的具体国情提出的，并且运用国内外的重要理论与中国的发展实践相结合，是中国经济增长取得巨大经济成就的重要发展动力。制度进步是促进经济发展的关键因素，体制改革将会在中国跨越中等收入陷阱的过程中继续发挥重要作用，资源配置方式的变迁与要素活力的激发持续促进中国经济增长，制度创新是继续发展的持久内在动力。

---

① 凡勃伦. 有闲阶级论：关于制度的经济研究 [M]. 北京：中央编译出版社，2012.
② 康芒斯. 制度经济学 [M]. 北京：华夏出版社，2013.
③ 胡希宁. 当代西方经济学概论（第五版）[M]. 北京：中央党校出版社，2011：412－463.

一、中国经济体制改革的历程与作用

新制度经济学认为，制度是与资源、技术与偏好并重的经济学柱石，经济体制改革与完善对于国家的发展具有重要意义。中国的经济体制改革始于 20 世纪 70 年代末期，此后四十年是中国经济发展质量与发展速度快速追赶世界先进水平的重要时期，在中国进入高中等收入国家的进程中发挥了关键作用。

（一）中国经济体制改革的历程

中国四十年的经济体制改革是一个渐进的发展过程，大体经历了计划经济体制内部引入市场机制改革、进行有计划商品经济改革、建立社会主义市场经济体制、完善社会主义市场经济四个主要阶段。[1][2]

第一阶段为 1978 年至 1984 年，主要在计划经济体制内部引入市场机制改革。在这一阶段中国从理论上提出"计划经济为主、市场调节为辅"，新中国成立后第一次在计划经济体制中使用了市场调节手段。1982 年党的十二大提出"计划经济为主、市场调节为辅"的原则，肯定了市场调节手段作为计划调节的补充方式是完全必需的和有益的，并且把计划调节区分为指令性计划调节和指导性计划调节，对于多数产品和企业适宜实行指导性计划，开始了更加高效配置经济资源的探索。这一重大改革突破了完全排斥市场调节手段的传统计划经济观念，开始在计划经济体制内部引入市场机制，通过市场机制补充和完善计划经济体制。这段时期虽然在理论上没有完全合理界定商品经济的应有地位，但是明确地进行了发展商品经济的探索。

第二阶段为 1984 年至 1992 年，开始从理论与实践上发展有计划的商品经济。这一阶段最重要的突破就是理论上提出"有计划商品经济"的观念并且用以指导实践。1984 年 10 月，党的第十二届三中全会通过了《中共中央关于经济体制改革的决定》，中国第一次突破了计划经济与商品经济相对立的传统观念，正式提出社会主义经济是在公有制基础上的有计划商品经济，开始了更新层次的经济改革。1987 年中共十三大在"有计划商品经济"理论基础上，进一步对社会主义市场机制问题进行了新的阐述，指出："社

---

① 刘仲黎. 奠基——新中国经济五十年［M］. 北京：中国财政经济出版社，1999.
② 杨德才. 中国经济史新论（1949—2009）［M］. 北京：经济科学出版社，2009.

会主义有计划商品经济的体制，应该是计划与市场内在统一的体制"，同时提出了"国家调节市场，市场引导企业"的经济运行机制模式。在实践方面，这一阶段开始实施以城市为中心的全面经济体制改革，涉及社会生产的方方面面。主要有：通过所有制方面改革调整所有制结构，从过去单一公有制经济结构逐渐改变为以公有制为主体、多种所有制经济并存的所有制结构；通过进行体制改革和运行机制转变，对社会主义市场运行机制开始加以完善，对于投资体制、财政体制、价格体制、流通体制、分配体制和社会保障制度等多种机制进行以引进市场机制为主要内容的改革。这一阶段对于市场运行机制的认识开始逐步深化，对于实践的指导进一步加深，朝着体制改革的正确方向不断进行深入探索。

第三阶段为 1992 年至 2002 年，开始进入建立社会主义市场经济体制阶段。这一阶段的重点是中国在理论上确立了"建立社会主义市场经济体制"的提法并在全国开始付诸实践。1992 年明确提出"计划经济不等于社会主义，资本主义也有计划；市场经济不等于资本主义，社会主义也有市场。计划和市场都是经济手段，计划多一点还是市场多一点，不是社会主义与资本主义的本质区别"等一系列重要思想。进而党的十四大明确提出，中国经济体制改革的目标是建立社会主义市场经济体制。至此，全国上下对于社会主义经济建设的认识开始从传统的计划经济思想中彻底解放出来，市场经济开始与社会主义基本制度相结合，成为中国经济改革的重要目标。1993 年党的第十四届三中全会通过了《中共中央关于建立社会主义市场经济体制若干问题的决议》，进一步提出了建设中国社会主义市场经济体制的框架。在实践方面，国有企业改革开始以建立现代企业制度为核心的微观基础转型，通过建立现代企业制度促使政企分开，使国有企业成为独立的商品生产者和经营者，全面参与市场竞争、真正成为市场主体；同时对财政、税收、金融、投资、外汇、外贸以及流通体制等方面进行综合配套改革，全面推进市场经济；通过加强市场流通领域改革，建立健全了市场规则，整顿了市场经济秩序，促进市场体系全面发展完善；社会保障制度改革迈出重要步伐，开始探索建立多层次的社会保障制度等。

第四阶段从 2002 年开始，中国进入全面完善社会主义市场经济阶段。这一阶段，在全面发展过去改革成果的基础上，中国在理论上进一步肯定了建立和完善社会主义市场经济体制的重要性。2003 年党的第十六届三中全会通过了《中共中央关于完善社会主义市场经济体制若干问题的决定》，对建立和完善市场经济体制进行全面部署，并围绕市场经济体制改革等问题形成了"科学发展观"的重要思想，进而在科学发展观的指导下，提出"五个统筹""构建和谐社会""建设社会主义新农村"等一系列新提法，极大促进了全方位改革实践的进行。更进一步的是，党的第十八届三中全会公布了《中共中央关于全面深化改革若干重大问题的决定》，进一步提出市场在资源配置中起决定性作用的理论，为当前和今后的经济建设奠定了更加坚实的理论和政策基础。在实践上，这一阶段主要工作包括：继续完善公有制为主体、多种所有制经济共同发展的基本经济制度，建立健全有利于逐步改变城乡二元经济结构的体制，形成促进区域经济协调发展的机制，建设统一开放竞争有序的现代市场体系，完善宏观调控体系、行政管理体制和经济法律制度，健全就业、收入分配和社会保障制度，建立促进经济社会可持续发展的机制等。

（二）中国经济体制改革的重要作用

中国的经济体制改革是社会主义市场经济不断完善的过程，增强了国家经济实力，完成了从低收入国家向高中等收入国家的转变，为跨越中等收入陷阱奠定了必要经济基础，更重要的是从理论建设的角度来看这是社会主义经济体制变迁与完善的过程，更为将来的经济发展奠定了坚实的制度保证。①②

第一，建立健全机制建设与制度创新体系，为国家的经济发展提供重要保障。中国经济改革主要是以经济体制改革和发展制度创新为主线展开的，形成了一系列促进经济快速增长的重要制度。一是初步形成了优胜劣汰的市场竞争机制。市场经济主要就是市场机制发挥作用，中国通过确立市场作为配置资源的主要手段，改变了计划经济体制下的国家计划与行政指令作为资源配置的主要方式，引入竞争机制提高了资源配置的效率。二是进行国有企业公司治理结构改革，引入现代企业制度，完善法人治理结构，初步解决了计划经济体制下的低效问题，扩大了国有企业的自主权，增强了国有企业的活力，使企业成为真正的市场主体。三是初步建立了社会主义市场经济体制的基本框架。经过四十年经济体制改革，中国初步建

---

① 中国社会科学院经济体制改革 30 年研究课题组. 论中国特色经济体制改革道路（上）[J]. 经济研究，2008（9）：4 - 15.

② 中国社会科学院经济体制改革 30 年研究课题组. 论中国特色经济体制改革道路（下）[J]. 经济研究，2008（10）：26 - 36.

立了社会主义市场经济体制的框架。首先初步形成了社会主义市场经济宏观体制框架。在生产资料所有制结构方面，确立了以公有制为主体，多种所有制经济共同发展的格局；在收入分配体制方面，建立了以按劳分配为主体，多种分配方式并存、效率与公平并重的收入分配制度，确立了劳动、资本、技术和管理等生产要素按贡献参与分配，多种分配体系并存的分配体制极大调动了各种生产要素的积极性；在宏观调节机制方面，初步建立健全了市场调节与国家宏观调控相结合的调节机制；在市场体系建设方面，建立了全国统一开放的市场体系，实现了城乡市场的结合，国内市场与国际市场的衔接，促进了资源的优化配置；在社会保障制度建设方面，初步建立了多层次社会保障体系，为城乡居民提供了适合国情的社会保障，促进了经济和社会稳定。其次基本形成了社会主义市场经济微观体制框架。国有企业改革成效明显，国有企业初步建立了现代企业制度，法人治理结构不断完善；非公有制经济得到较大发展，逐步成为国民经济重要组成部分。

第二，完善市场主体建设，培育出多种市场主体促进市场竞争，激发经济增长的活力。改革开放前，中国在计划经济体制下，国有经济和国有企业一统天下，基本上不存在非公有制经济发展，这一情况直接导致国有经济经营范围包揽生产、生活的各个方面，市场主体单一，效率低下。直到中国开始改革开放，非公有制经济才开始出现并逐步发展壮大，与市场经济体制改革同步成长，为经济发展注入强大活力，并且成为社会主义经济的组成部分与重要力量。

第三，在发展过程中开始注重人力资源因素，人本主义理念、人力资本理念激发创造活力。通过改革开放，国外各种先进理论与观念开始被引入国内，并在经济建设中得以借鉴。从舒尔茨和贝克尔的人力资本理论到索洛增长模型中的人口作用，都提出经济建设中人的重要作用。以引进与发展人力资源理论为契机，中国的相关理念不断形成与发展，为经济增长注入创造性因素。首先，形成与确立了人本主义理念。通过经济改革与发展，逐步实现了经济发展由以物为本向以人为本的转变，特别是伴随着经济发展水平的提高，中国开始更加强调人的作用和人作为发展终极归宿的地位，实现了由片面追求物质增长向追求人的价值实现和人民生活质量提高的转变。其次，形成人力资源、人力资本的理念与培养机制。中国经济改革与发展历程，逐步验证了人力资源、人力资本在推动经济发展中的重大作用，伴随着经济发展方式的转变与升级，人的因素在经济发展中作用越来越大，人力资源、人力资本的重要理念也日益形成，与此对应，培育人力资源、人力资本的相应机制和对策也更加受到重视。

第四，经济全球化促使对外开放程度不断加深，理论与技术的深入交流切实加强了中国经济发展水平。伴随着国家经济体制改革的深化，中国全方位对外开放水平不断提高，实现了国内国外市场的衔接，与世界各国经济联系更加紧密。经济体制改革全面推动了外向型经济的发展，加快了中国参与经济全球化进程，使得对外贸易规模不断扩大，成为世界第一贸易大国和第一生产大国。并且通过对外开放，引进吸收了大量先进适用技术和管理技术，促进了中国产业技术改造和产品升级换代，加快了中国产业结构的优化升级，为跨越中等收入陷阱奠定坚实的物质基础与技术基础。

纵观中国改革开放与经济发展，成功主线是通过资源配置方式优化来不断提高经济增长效率，通过要素活力释放来促进经济发展积极性与主动性，在迈向高收入经济体的进程中体制改革将持续释放经济增长红利，促进顺利跨越中等收入陷阱。

二、体制改革与经济增长

中国的经济体制改革是促进经济增长的制度动力，发展成果是通过优化资源配置与激发要素活力实现的。中国经济体制改革成功的核心是完善资源配置方式和激发市场主体潜力，实质是优化社会生产函数与提高主体创造效用，不断改革与完善经济体制是中国经济继续快速增长的重要动力，持续的经济体制改革释放出巨大红利是中国跨越中等收入陷阱的重要经济基础。

（一）资源配置方式变迁：优化生产函数　提高经济效率

经过四十年的经济改革实践，党的十八届三中全会继续巩固发展成果，提出"使市场在资源配置中起决定性作用"，同时"更好发挥政府作用"，首次把市场配置资源的基础性作用正式改为市场配置资源的决定性作用，就是要更加科学地配置各种经济资源，更加合理界定市场与政府的边界，正确发挥市场与政府两种手段应有的职能。

发挥市场机制的作用，就是必须通过市场来合理配置各种资源，在市场机制充分发挥作用的情况下各种经济资源真实价格在供求交换中得到充分显现，市场交易价格合理体现经济资源的真正价值。发挥政府机制作用，就是通过政府手段弥补市场机制不足与解决市场失灵问题。因此，"使市场在资源配置中起决定性作用"与"更好发挥政府作用"就是科学使用市场与政府两种手段，充分发挥市场配置资源的机制，合理体现各种经济资源的真正价值。

因此，中国通过改革不断完善资源的配置方式，实质上是通过制度变迁来持续优化整个社会生产的生产函数，通过生产效率的持续提高促进国民经济连续保持合理增长。使市场在资源配置中起决定性作用就是完全通过市场的价格、供求、竞争、利益等机制不受干扰地配置经济资源，在完善的市场体系下充分发挥价值规律的决定性作用。价值规律是市场经济的基本规律，当市场价格真正体现出经济资源的价值时，说明市场体系是高效运行的，经济资源的生产能力得到最合理利用，同时必须激发各种经济资源生产积极性与主动性，使得全社会的生产效率与生产主体效用达到最高。

党的十八届三中全会以来提出要更好发挥政府作用，实质就是政府要正确发挥市场经济合理运行稳定器作用。国内外经济发展的经验与教训都深刻表明，当前根本不存在完全的自由主义经济，在配置经济资源的过程中政府必须合理执行宏观经济管理职能。对于一个大型经济体，单纯靠市场机制或者是政府作用一个方面根本不能完全达到资源完全合理配置、经济高效运转，无法促使国民经济持续健康发展。经济资源必须在市场机制下通过竞争与供求等机制进行合理配置，这样才能体现资源本身特性提高效率；同时，必须不能否认市场机制存在自身难以克服的缺陷，整个国民经济发展与国家宏观经济运行必须发挥政府管理经济职能作为经济合理运行的稳定器。与市场作用相比，政府作用更加偏重宏观调控，市场注重微观配置，政府注重顶层设计。

"看不见的手"与"看得见的手"都是配置资源的方式，各自有自身高效发挥作用的机制。从制定国家宏观发展战略的角度来看，微观市场主体无法成为战略制定者和国民经济引领者，只有政府通过宏观调控手段才能进行总体规划；从制定保障国民经济合理运行的制度、政策角度来看，由于市场机制主要在于追求效率，相对忽略关注公平，只能通过政府手段来保证经济发展过程中效率与公平兼顾。因此，经济体制改革中对资源配置的不断优化就是对社会生产函数的优化，直接促进经济效益的提高。

（二）释放要素活力：提高主体创造效用　促进经济增长

党的十八届三中全会提出"让一切劳动、知识、技术、管理、资本的活力竞相迸发"，这一阐述对于中国的经济增长同样具有重要意义，指明了改革促进发展的方向。使要素活力竞相迸发就是要充分高效利用各种经济资源，使各种资源在经济增长中发挥更大功效。对于促进要素活力迸发，既要促进各种要素使用效率最大化，又要保证要素利益主体效用最大化。以往中国更重视通过各种手段和途径努力提高要素的使用效率，在当前改革进入关键时刻还要注重要素主体效用的最大化，保护要素拥有者的产权，使其效用最大化，保障要素主体应当享受和获得各种合法利益，真正让要素主体愿意发挥要素的最大生产力。因此，提高资源配置效率，激发要素活力，不仅要发挥要素资源的生产能力，还要考虑要素主体的经济效用，真正愿意发挥其积极性与主动性参与经济建设。因此，充分发挥要素的活力不能从单一的角度观察和分析问题，要从全社会的视角促使资源配置达到帕累托最优。在生产过程中，既要"保护各种所有制经济产权和合法利益，保证各种所有制经济依法平等使用生产要素、公开公平公正参与市场竞争"，又要促使资源利益主体"同等受到法律保护"，依法享有活力迸发后的经济成果，这样才能保证资源在全社会配置最优，保障国民经济持续健康发展。

中国经济体制改革过程不断提高要素活力，就是提高资源主体参与创造的动力，与优化配置资源方式相结合，通过优化社会生产函数与提高主体创造效用促进社会经济持续健康发展。

三、继续改革路径变迁方向

中国四十年的经济体制改革取得了明显的成绩，经济总量已经达到14万亿美元左右，跃居世界第二，在人均收入方面也顺利达到高中等收入水平，超过1万美元。在发展的同时，中国近年经济增长速度有所下降，开始面临从高速增长转向中高速增长，这就要求中国面对新形势合理进行发展规划，继续改革与完善经济体制是当前发展的制度保证。

（一）过去改革重点总结

中国四十年经济体制改革成功之处在于采取政策措施有效针对当时经济发展存在的问题，逐步成功改变了资源配置扭曲的状况，并且根据利益机制充分调动生产主体的积极性与创造性。

1. 改革开放初始探索期

中国 1978 年末提出改革开放，在最初阶段，全国上下处于理论与实践的摸索时期，虽然没有明确形成系统的市场经济理论，但是已经开始探索高效配置经济资源途径，努力激发劳动者的创造活力。这一时期开始通过市场发现价格，通过价格机制、竞争机制、供求机制等配置资源，逐渐发展市场经济，并且由于利益机制作用，经济主体开始展现发展经济的积极性与主动性。党的十二届三中全会发布《中共中央关于经济体制改革的决定》，明确提出中国在农村开始实行家庭联产承包责任制，城市开始进行国有企业改革探索。1978 年至 1984 年，通过理论与实践的探索，中国改变过去完全的计划经济，开始尝试"计划经济为主、市场调节为辅"，第一次把市场调节引入宏观经济建设当中。随着经济发展形势不断好转，国家继续探索优化配置资源的政策与措施，1984 年至 1992 年，开始提出"有计划商品经济"，突破了计划经济与商品经济和社会制度相关联的观念，开始提出社会主义经济是有计划的商品经济的思想。

中国在农村实行家庭联产承包责任制是对优化资源配置与激发要素活力的第一次重要尝试，打破了农村过去大锅饭式的平均主义，彻底激发了劳动者的生产活力，实现了多劳多得，极大地提高了劳动者的积极性和主动性，使得实际生产开始面向市场，首次实现市场配置农业生产资源。在城市进行的国有企业改革是中国城市生产资源进行优化配置的一次重大突破，彻底摆脱了计划经济对于国有企业的严重体制束缚，开始在国有企业内部消除平均主义倾向，使国有企业以市场为导向进行大规模生产，以效益为导向积极利用宝贵生产资源。正是由于中国在农村和城市开始进行经济体制改革，通过发展事实说话，开始扭转过去的落后观念，激发了劳动者的生产活力，合理配置了当时本不充裕的生产资源，极大促进了经济持续快速健康发展。

2. 党的十四大到十六大理论与实践发展期

为了促进国民经济继续保持健康快速发展，以南方视察讲话为标志，中国开始更进一步的理论与实践探索，努力彻底解放对于生产力的束缚，开始追求更加高效的资源配置方式。党的十四大提出"计划和市场都是经济手段。计划多一点还是市场多一点，不是社会主义与资本主义的本质区别"。这一理论表述从思想上彻底解放了对于发展经济的束缚，为下一步发展奠定了坚实的理论和政策基础。在此基础上，党的十四届三中全会审议通过了《中共中央关于建立社会主义市场经济体制若干问题的决定》，从经济制度、企业制度、市场和资源配置体系、分配制度等方面提出了发展经济的政策框架。

这一阶段中国的经济理论与政策有着重大发展，对于其后的经济高速增长起到了至关重要的作用，随着"使市场在国家宏观调控下对资源配置起基础性作用"和"培育和发展市场体系"政策的提出与实施，市场机制促进经济发展作用充分得以显现，各种经济资源配置方式更加高效合理，生产要素活力得到充分释放。通过更新发展观念与理论，市场对资源配置起基础性作用的效果显著，价格、供求、竞争、利益等市场机制充分发挥应有作用，合理的市场体系进一步激发了生产要素的活力，从真正意义上开始了市场经济的新阶段，切实提高了中国的综合国力和经济竞争力，为下一步进入高中等收入国家行列打下坚实经济基础。

3. 党的十六届三中全会到十八届三中全会经济持续发展期

党的十六届三中全会提出《中共中央关于完善社会主义市场经济体制若干问题的决定》（以下简称《决定》），开始进一步完善社会主义市场经济历程。《决定》标志着党和国家对于新形势的科学认识，并且进一步提高了资源配置的效率和生产要素的活力。这一时期中国开始认识到各种经济资源的重要性，提倡重视国有资产以外各种经济成分的重要作用，更加深刻认识到生产要素活力对于经济建设的重大意义，充分释放各种经济资源的发展活力，通过价格、供求等机制在市场中平等竞争，促进资源的合理配置和经济的健康发展。正是这一时期对于资源配置的优化与要素活力的激发使得中国成为世界第二大经济体，并且成为外贸与制造方面第一大国。

4. 党的十八届三中全会以来市场理论新发展

党的十八届三中全会公布了《中共中央关于全面深化改革若干重大问题的决定》，提出市场在配置资源中起决定性作用，完成了社会主义经济建设过程中又一重要理论突破，在新形势下继续促进经济持续健康发展。从市场起基础性作用到市场起决定性作用，更加突出中国在经济建设过程中重视价格、竞争、供求、利益等机制应有的调节作用，更加尊重经济发展理论和客观经济规律，在强化市场作用的同时政府进一步降低对于宏观经济的干预程度，减少对于各种要素活力的束缚，从全社会角度更加充分配置经济资源，促进经济更可持续发展。并且，政府退出了应该简政放权的配置资源领域，可以更加集中精力在应该发挥作用的领域进行高效参与和调控经济发展。

可见，中国过去的经济体制改革重点是改革资源配置方式，激发市场经济参与主体的创造活力，从经济增长的供给端来看，比较充分地发挥了广义资本与劳动的力量，在经济发展动力转型时期提高全要素生产率是路径变迁的方向。

（二）继续改革重点方向

新制度经济学认为，当经济发展到关键的转型阶段，必须改变对于原来低效率路径依赖，通过更有效率的发展方式促进经济增长。在经济体制方面，中国的改革已经通过不断优化资源配置方式与激发经济主体活力为增长提供了持续动力，在需要升级转型的关键时期，经济体制改革也需要面对现实进行重点转换。中国的改革已经比较充分发挥广义资本与劳动的作用，进一步保持增长需要提高科技对于经济的促进作用，因此，相应的经济体制改革要求对创新体制进行更多关注。

新制度经济学理论提出制度作为经济增长的重要因素也存在需求与供给的平衡，即制度平衡。当前，创新驱动发展作为中国的国家重点战略需要制度方面的稳定保障，具体的政策措施就是提供可以激发科技创新的制度供给，使创造潜力得到充分发挥，成为引领持续发展的关键。

当前中国的重要创新途径主要有原始创新、集成创新和引进消化吸收再创新，需要根据不同的技术创新方式进行制度鼓励与引导，提高创新发展水平。从深化科技体制改革方面看，重点是引导构建产业技术创新联盟，推动跨领域跨行业协同创新，促进科技与经济深度融合。加强技术和知识产权制度保护与交易平台建设，建立科技创新融资模式，促进科技成果资本化、产业化，对于创新体系加大经济政策扶持力度，加强金融支持和税收优惠制度供给。从推动政府职能转变加强制度供给方面看，需要改变制度构建思路，从研发管理转向创新服务，政府需要提高宏观调控能力，减少对于微观领域的干预，完成主要从市场参与者到制度供给者的角色转换。从创新主体来看，企业家与科学家是重要的创新力量。需要从制度建设方面强化企业创新主体地位和主导作用，形成有国际竞争力的创新型领军企业，同时注重支持科技型中小企业发展，形成依托企业、高校、科研院所建设一批国家技术创新中心的合理布局，建成具有强大带动力的创新型城市和区域创新中心。扩大高校和科研院所自主权，实行以增加知识价值为导向的分配政策，从制度方面形成有利于科技创新的正向激励机制。

第三篇

跨越中等收入陷阱重要策略

第六章　提高经济增长质量

——合理平衡增长速度、质量与风险的关系

中国成功跨越中等收入陷阱的过程，单纯从人均国民收入的角度来看，在 2019 年数值的基础上还要继续增长 30% 左右。中国的经济发展是一个逐步稳健增长过程，结合优化经济结构与控制各种发展风险，实现增长的目标必须要充分考虑各种影响因素，最终达到世界银行划分的高收入国家水平。

一、中国经济增长现状与国际比较

当前中国经济发展现状是几十年增长的成果，在此过程中，既取得了辉煌的发展成绩，也积累了一些亟待解决的问题。

（一）中国经济增长现状

新中国成立以来，经济发展基本分为改革开放前后两个大的发展阶段。改革开放前发展虽然出现了极大的波动，但是也为后续的发展奠定了重要经济基础，特别是完成了工业发展的总体布局。改革开放后，在经济体制改革的带动下，各种促进经济发展活力的因素得到充分释放，经济增长率创造了世界经济发展史上一个伟大奇迹。2010 年中国进入高中等收入水平国家行列，2011 年中国的 GDP 超过 47 万亿元，同比增长 9.2%。[①] 2019 年人均收入超过 1 万美元，2020 年底预期目标是全面建成小康社会。

在此期间，中国完成了到世界第二大经济体的飞跃，人均收入也达到高中等收入国家水平。按照不变价格计算，国内生产总值从 1952—2010 年平均增长速度为 8.2%，其中 1952—1978 年均增长 6.1%，1978—2010 年均增长 9.9%。中国城镇居民年人均可支配收入从最初不到 100 元增加至 2010 年的 19109 元，农村居民的年人均可支配收入从最初 45 元增加至 2010 年的 5919 元。进出口贸易总额由 1950 年的 11 亿美元增加至 2010 年的 2.9 万亿美元，增长了 2704 倍。三次产业结构得到了明显改善，第一、第二、第三

---

① 国家统计局：http：//www.stats.gov.cn/.

产业结构比例由 1952 年的 50.5%、20.9%、28.6% 发展到 2010 年的 10.1%、46.8%、43.1%。城乡的恩格尔系数由最初的 80% 和 90% 以上分别下降至 2010 年的 35.7% 和 41.1%。① 2010 年以来，中国达到高中等收入国家水平后经济发展问题开始显现，经济增速由高速发展的两位数左右增幅开始转为 6% 至 7% 的增速，经济发展进入新常态，既保持了中高速增长，又开始转向"稳增长，调结构"的注重经济质量发展道路。

（二）经济发展历程启示与反思

新中国七十年的发展历程取得了辉煌的经济成就，但是慢慢积累的问题在进入高中等收入国家行列后开始逐步显现，当前经济在 2010 年后开始由高速发展转向中高速发展，既有客观经济规律的作用，也有自身产生的问题，对于经济发展历程进行深刻反思将对目前的经济发展新常态具有重要启示。②③④

第一，既要注重经济增长速度，又要注重经济增长质量。在中国经济发展的初期，人均收入仅仅处于世界总体发展的贫困水平标准，并且作为世界第一人口大国，经济总量远远落后于世界主要发达国家，当时的经济形势十分严峻。因此，在政治环境同样困难的情况下，中国急需快速发展国民经济，在可以迅速提高经济发展进程的情况下忽略了对于经济增长质量的同等重视，在经济发展到一定水平的情况下转型发展付出较大代价。21世纪之前中国的经济增长基本上是生产要素驱动型发展，投入大量经济资源取得了丰硕的成果，但是从投入产出的比例来看，发展的成本太高，持续性较差。因此，目前经济建设要转到科技驱动型发展的轨道，必须完成从粗放型发展到集约型发展的转换，更加注重经济增长质量，切实实施可持续发展、创新驱动发展战略。

第二，既要注重三次产业发展，又要注重产业结构平衡。同样，新中国成立初期经济发展状况与发达国家相比差距是全方位的，当时又面临着多个方面的经济封锁，因此，中国的经济发展几乎需要解决增长之中各种问题。农业生产效率低下，工业生产基础薄弱，服务产业几乎空白的发展局面，导致在国家层面就要从急需解决的问题入手，缺乏长远的科学经济

①　国家统计局：http://www.stats.gov.cn/.
②　苏星.新中国经济史［M］.北京：中共中央党校出版社，1999.
③　刘仲藜.奠基——新中国经济五十年［M］.北京：中国财政经济出版社，1999.
④　杨德才.中国经济史新论（1949—2009）［M］.北京：经济科学出版社，2009.

发展规划，强行扭曲经济发展规律过度投资重工产业，资源耗费严重并且产业结构布局不合理，农村与城市、农业与工业存在严重二元经济结构，剪刀差又从生产领域传递到分配与消费领域，进一步加大了经济结构的扭曲，降低了投入产出比，逐步拖累产业结构平衡，影响了长远的发展速度。因此，从配第—克拉克定理的普遍适用性来看，产业结构是中国目前与未来发展的重点关注方面。

第三，既要注重经济发展前景，又要防范长期经济风险。经济发展有着自身内在的客观规律，发展进程必须要循序渐进、科学合理。中国为了达到发展社会主义经济的目的，曾经一度提出短时期"超英赶美"的不切实际口号，并且调动大量经济资源进行"大跃进"式发展，结果反而拖累了经济增长的自然进程，可谓代价沉重，在总体发展良好情况下出现了阶段性的扭曲与倒退。因此，在进行科学合理的长期规划下，中国发展战略的制定必须符合经济规律，注重发展风险方面的考虑。长远来看，正确发展方式的选择，科技创新能力与整体国民素质的提高，投资、消费与净出口的平衡，经济增长内涵式发展等方面可以极大提高发展的质量，从亚洲金融危机到世界经济危机的发展情况看，自身经济实力与发展质量的提升能够增强抵抗风险的能力。在明确跨越中等收入陷阱进入高收入经济体行列的目标下，中国还要有危机意识，增强防范能力，这样才能保障经济持续稳定发展，最终成功跨越中等收入陷阱。

（三）面向未来发展国际比较

中国当前进入跨越中等收入陷阱的重要阶段，根据国际上正反两个方面的经验，如果不能在高中等收入阶段合理转型维持与过去相近的增长势头就会面临陷入中等收入陷阱风险。因此，科学前瞻潜在风险保持经济增长速度、提高经济增长质量成为当前发展的关键（见图6－1至图6－3）。

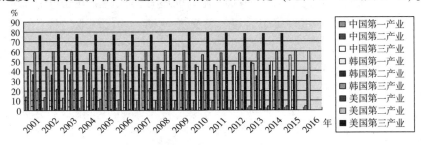

图6－1　中国、韩国、美国产业结构比较

（资料来源：国家统计局）

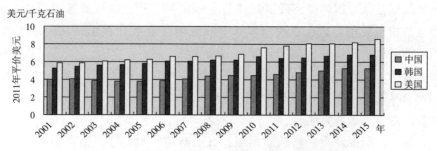

图6-2　中国、韩国、美国单位能源生产能力比较
（资料来源：世界银行）

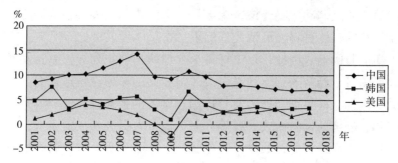

图6-3　中国、韩国、美国经济增长情况比较
（资料来源：国家统计局）

　　通过以上三张图可见，从经济增长速度情况来看2001年以来中国明显优于韩国与美国的增长情况，按照每年的复合增长率计算，中国的人均收入与经济总量将迅速向高收入国家靠拢，保持当前年增长率6%～7%的情况，中国将顺利跨越中等收入陷阱，完成向高收入经济体的飞跃。

　　从经济发展质量来看，中国不仅与发达国家典型代表美国存在明显差距，与新近跨越中等收入陷阱的韩国也有一定距离。通过图6-1三个国家三次产业分布情况看，中国的三次产业演进还有很大的优化空间，而韩国与美国已经开始处于比较接近阶段，特别是美国，三次产业结构比例基本趋于稳定。图6-2显示三个国家每消耗1000克石油能够生产出的美元产值，中国的生产转换能力最低，说明中国的技术水平处于三个国家最低。从技术角度分析，中国在产业发展与技术水平方面都与高收入国家存在显著差距，说明中国亟须优化产业结构与提高技术水平，创新驱动发展是当前的突破重点。

　　综上三张图分析，中国与其他两个高收入国家相比，具有更高的经济增长率，但是在产业结构与技术水平方面存在不足，说明中国过去的高速增长是通过相对经济资源大量投入取得的成绩，属于资源驱动型发展。在过去中国发展程度较低的情况下高投入可以迅速促进经济增长，在进入高中等收入开始面向高收入发展过程中，根据索洛增长模型，资源大量投入难以为继，对于经济增长驱动能力逐步减弱，要想保持中高速发展就必须转换增长动力与模式，提高科技含量，优化经济发展质量。

二、典型国家经济增长情况比较与借鉴

各个国家在面临中等收入陷阱时都有自身的客观发展情况，采取不同的发展模式，有的国家成功跨越中等收入陷阱进入高收入经济体行列，有的国家长期滞留在中等收入发展水平很难提高。虽然各国国情不同，但是经济发展规律的客观性可以提供发展的启示，通过比较为中国的发展进程带来选择借鉴。

（一）典型国家经济增长情况比较

目前拉丁美洲与东亚是世界公认处于中等收入水平国家较多的地区，并且比较典型的国家大多处于这两个地区。按照世界银行的划分标准与学术界的阐述，公认突破中等收入陷阱的典型经济体只有日本和"亚洲四小龙"等少数经济体。通过对这些国家与地区发展情况进行比较可以对经济增长历程有更加清晰的认识。

南美国家巴西 1998 年人均收入水平为 4830 美元，到 2000 年人均收入 3860 美元，21 世纪初由于经济发展剧烈波动产生较大下降，2013 年恢复到峰值 12730 美元，但是 2017 年又下降到 8580 美元，一直没有能够达到稳定突破 1 万美元的门槛，陷入中等收入陷阱的时间长达几十年。另一个拉美地区大国墨西哥 1972 年人均收入水平为 1003 美元，到 1990 年人均收入达到 3062 美元，2017 年人均收入只达到 8610 美元，平均经济增速由早期的 9%以上下降到近期的 5%左右，同样没有能够达到稳定突破 1 万美元的门槛，随着世界银行对高收入标准的逐步提高，墨西哥陷入中等收入陷阱时间也超过了 40 年。马来西亚是东亚地区陷入中等收入陷阱的典型代表国家，1977 年马来西亚人均收入为 1058 美元，到 1992 年人均收入为 3099 美元，2017 年也仅仅达到 9560 美元，一直没有能达到稳定突破 1 万美元的水平，距世界银行定义的高收入水平还有较大差距，并且短期内也没有突破中等

收入陷阱的迹象。[①]

日本和韩国是公认突破中等收入陷阱的典型经济体，也是具有较大经济规模国家，因此经常被认为是成功跨越的代表。日本 1973 年人均收入为 3816 美元，到 1985 年人均收入就达到 11297 美元，仅仅用了 12 年时间就成功进入高收入国家行列，到 1987 年人均收入达到 2 万美元，2010 年人均收入为 42190 美元。韩国 1987 年人均收入为 3368 美元，进入中等收入经济体行列后，到 1995 年人均收入达到 11468 美元，仅仅只用 8 年就成为高收入国家，并在 2010 年达到 19720 美元，人均收入稳定处于高收入经济体行列。[②]

通过对于跨越和陷入中等收入陷阱国家的比较可以看出，保持经济在一个较长时期内稳定持续较高增长是在进入中等收入水平后继续发展的关键。进入中等收入水平，必须具有持续发展经济的动力，在中等收入水平的基础上，国民经济需要保持和原有速率相仿的增长幅度，这样才能获得继续发展而不会长期停滞在中等收入阶段。

（二）典型国家经验借鉴

通过借鉴典型国家的正反两个方面发展经验，对于中国成功跨越中等收入陷阱有着重要帮助。

第一，持续保持经济增长幅度。一个经济体进入中等收入水平行列的过程通常需要一段较长时期的经济增长，并且在这一进程中，发展通常都是从贫困国家水平开始经济腾飞后持续增长，如果由于自身或者外部原因发生中断，必须及时采取有效措施进行修正，需要维持经济增长的持续性。经济体发展水平每新上一个台阶，意味着经济增长的质变，因此，发展的过程必须是连续的。根据世界银行的划分标准，高收入人均水平是刚刚进入中等收入水平的 3 倍左右，在进入中等收入行列后，必须继续按照原有的经济增长速度发展十年到二十年才能从数量方面达到高收入国家水平。

第二，适时转换经济增长动力。在进入中等收入国家行列后，通常由于经济发展的惯性凭借要素驱动式增长方式还可以维持一个时期的相对稳定增长率，在这一时期内，原有经济增长方式产生的发展动力不会消失，可以在没有重大转变的情况下保持原有的增长速度。在国际产业链的划分

---

① 国家统计局：http：//www.stats.gov.cn/.
② 国家统计局：http：//www.stats.gov.cn/.

中，高收入国家通常处于产业划分的高端，可以享有高附加值产业带来的丰厚收入维持自身经济地位。但是对于中等收入水平的国家来说，原有的要素驱动发展方式无法推动自身产业发展水平达到国际产业链的高端，因此，中等收入陷阱多发生在经济体进入高中等收入水平之后。这时，从中等收入水平向高收入水平进行跨越就必须适时转换经济增长的动力，从要素驱动型转向科技创新驱动，完成产业的优化与升级。一个经济体在国际产业链中的地位决定了这个经济体在国际收入排行榜中的地位，增长动力转换是跨越中等收入陷阱的必然要求。

第三，注重国家宏观经济管理职能。在对跨越中等收入陷阱正反两个方面经验借鉴中，中国需要更加注重合理确定规划宏观经济增长的主体。在市场经济体系中，各个微观经济主体出于对自身利益最大化的追求，在价格、竞争、供求等市场机制的作用下能够尽可能高效配置经济资源，在自身控制范围内争取更优投入产出比率，作为促进微观经济增长主体这是合理且必须的。由于市场经济会出现失灵的情况，在国家发展战略方面，促进经济增长的规划主体只能是国家。通过对比长期陷入和成功跨越中等收入陷阱国家情况，政府制定适合自身情况与时代特征的发展道路是经济持续稳定增长的关键。例如，阿根廷在一个较长时期实施进口替代战略，在发展初期取得了很好的发展效果，但是当客观环境改变时，阿根廷政府一直维持僵化的发展政策错失了转变的黄金时期，导致发展受挫，经济停滞甚至产生严重波动，长期陷入中等收入陷阱。同样处于向高收入水平发展的日本和韩国，当经济发展达到一定水平后，政府主动进行产业的转型与升级，不断提高整体发展科技含量，最终发展到国际产业链的中高端，意味着顺利进入高收入经济体的行列。因此，政府从全局角度进行宏观调控与化解风险的作用是分散市场参与者无法比拟的，控制宏观风险方面更加需要发挥政府管理经济方面的职能。

三、促进经济增长速度、质量与风险平衡

成功跨越中等收入陷阱的根本标志是人均收入水平达到世界银行划定的高收入标准，达到这一标准实质是国民经济持续稳定增长，关键是国家生产力水平的绝对地位与相对地位长期同步提高。因此，成功跨越中等收入陷阱进入高收入国家行列就必须合理平衡经济发展过程中增长速度、质量与风险问题。

（一）保持稳定增长速度

世界银行划分高、中、低收入的标准就是各个经济体的人均收入水平，成功跨越中等收入陷阱就必须达到高收入的标准，经济增长是中国发展的关键。

1. 经济增长指标对于跨越中等收入陷阱意义

经济增长对于中国成功跨越中等收入陷阱具有重要作用。评价一个经济体发展的水平可以有很多重要指标，不同的侧重点会考虑不同的指标。对于世界银行划分各个收入水平阶段也有一定的争议，但是确定划分标准在定性的基础上必须有明确的衡量标准，这样，人均收入数量作为衡量一个经济体发展水平的首要指标是比较合理的。人均收入衡量了一个国家总体发展水平，同时也代表了一个国家的综合发展能力。

根据国民经济核算方法，人均收入代表了一个经济体的全面发展潜力。收入法核算国民经济收入表明一个国家获取经济收入的能力，产出法核算国民经济收入则代表了一个国家的总体生产能力，因此，国民收入和人均收入虽然仅仅是具体的数字，但是代表的经济意义十分深远。以人均收入水平进行衡量的经济增长对于中国跨越中等收入陷阱具有重要意义。经济发展固然不能"唯 GDP 论"，但是获得经济发展必须重视"GDP"，只有国民收入和人均收入才是最重要的发展指标，没有经济数量的增长就是停滞和衰退，持续的负数增长率就意味着经济危机。总之，带有数量衡量指标的经济增长是中国跨越中等收入陷阱首要考虑的问题。

2. 促进经济增长重点举措

一个经济体由低收入国家发展成为高中等收入国家进而成为高收入国家要经历漫长的发展过程，同时还要在前进的过程中不断修正与完善自己，保持在一个较长时期内的持续稳定发展速度。因此，中国从低收入水平开始到成功跨越中等收入陷阱进而迈入高收入国家行列需要经历较长时间周期，这就要求中国不能有短视行为，频繁采取短期政策刺激，容易导致干扰正常经济发展周期，造成经济大起大落。比较合适的战略措施是重视经济规律与经济理论的重要作用，发展过程中着力点放在长效机制，引导国民经济在一个长周期内持续保持中高速发展。

促进经济高效率持续增长，必然要求从促进经济发展的基本要素入手，新制度经济学认为自然禀赋、技术、偏好与制度是促进经济发展的重要基础。经济学认为自然资源与社会文化长期范围内不会有较大变化，因此在促进经济持续稳定增长过程中加强制度建设与科技创新是保持稳定发展的重要手段。同样，根据索洛经济增长模型，影响经济发展的重要因素是人口、资本与技术进步因素。目前，中国的人口红利接近现有的极限，注重资本的合理增长与科技的发展创新是促进经济增长的重要措施。哈罗德—多马模型提出，应该注重资本积累，加强储蓄用于经济发展。[①]

（二）构建速度、质量与风险并重增长战略

在中高速经济增长情况下中国成功跨越中等收入陷阱还需要人均收入增长 30% 左右，即在保持稳定经济增长情况下，以 2010 年数据为基础还需要十五年左右时间，为了促进经济按照既定目标合理增长，在发展过程中必须合理平衡增长速度、质量与风险三者的重要关系，这样才能按照中国的发展预期成功跨越中等收入陷阱进入高收入经济体行列。

1. 速度、质量与风险关系

在宏观经济发展过程中，增长速度、增长质量和风险防控是必须重点考虑的三个方面，三者紧密联系，合理构建注重速度、质量、风险的战略才能保持经济持续稳定增长。

增长速度与增长质量相互促进。增长速度是衡量经济增长的首要指标，也是提高经济增长质量的重要基础。经济增长与否首先要看年度经济增速，只有保持一定的经济增长速度，经济总量才会增加，国家实力才会增强，进而增强物质与技术基础促进经济增长质量的提高。经济增长质量的提高意味着经济结构更加优化合理，科技含量更高，在增长的过程中投入与产出的比率更加高效，对于经济增长速度具有促进作用。更加高效的经济增长质量必然可以促进更高的经济增长速度，因此，合理的增速与良好的质量相互促进。

增长速度与风险防控联系紧密。增长速度决定了经济增长的总量，较高的经济增长速度代表了更多的经济总量，即更高的国民收入。单纯注重经济增长速度，忽视发展过程中的风险问题，一旦发生风险不仅影响最终发展速度，通常较大风险都会给经济发展造成严重的破坏，一味追求增长速度忽视风险防控往往存在重大隐患，风险发生将会得不偿失。在发展中，要高度重视速度与风险的联系，追求发展不能忽视风险防控。

经济质量与风险防控关系密切。经济质量是经济增长的稳定器，较高

---

① 胡希宁. 当代西方经济学概论（第五版）[M]. 北京：中央党校出版社，2011：238.

的经济质量意味着经济结构合理、科技含量较高，这样不仅可以促进快速稳定增长，又可以具有较强的风险抵抗能力，减少风险防控的成本。同时，长期坚持对于风险的防范，必然建立行之有效的风险防控体系；反过来减少风险发生，提高了经济发展的质量。

2. 平衡速度、质量与风险措施

促进经济持续稳定健康增长与构建速度、质量与风险并重的增长三角是国家发展宏观经济的重要内容，必须充分发挥政府应有的宏观经济管理职能，合理进行宏观调控。在宏观经济管理领域通常存在市场失灵的问题，因此中共十八届三中全会提出发挥市场决定性作用的同时强调正确发挥政府作用的重要性，平衡经济增长的速度、质量与风险问题就要政府制定长远发展战略，合理进行增长速度、质量与风险的定性定量规划，在认真实施的过程中发现问题、总结经验，逐步协调与完善三者之间的关系。

平衡经济增长中的速度、质量与风险控制，还要加强预期管理。政府是进行宏观经济管理的主体，但是执行宏观经济发展战略是许许多多的企业与个人，因此提高政府公信力加强预期管理是平衡三者的重要措施。理性预期学派强调，在政府给出相应的信息后公众会做出理性预期进而采取合理应对措施，在政府具有较好公信力的情况下，政府与公众可以趋于一致。在中国考虑经济增长速度、质量与风险问题时，制定长远发展目标与风险防范措施并且进行广泛公布与认真执行，取得全体共同一致发展预期，这样国家实行的货币、财政、产业及外贸等各种政策等都会最大发挥功效，进而有力解决经济增长速度、质量与风险的平衡问题。

（三）跨越中等收入陷阱重点增长方向

中国在进入高中等收入国家后，经济实力得到空前提高的同时也面临新的发展问题，主要是经济发展进入新常态，突出表现就是经济增长幅度由10%左右的高速增长转为6%～7%的中高速增长。这一情况既有国际国内的外在影响，也有中国发展到一定阶段需要转型的内在因素，持续进行体制改革与完善是中国经济增长的制度动力，也是跨越中等收入陷阱的必然要求。

1. 当前经济增长放缓原因分析

中国2010年经济增长幅度超过10%，此后增幅逐步开始放缓，进入当前6%～7%的新常态增速并且开始稳定在这一数字。这一情况外在表现是经济发展出现一定的减速，实质上的原因不是中国经济发展出现严重问题，恰恰通过数据反映出中国经济发展还处于相对健康、正确的轨道中。结合中国总体经济规模，通过表6-1中的增长率就可以清晰看出中国的经济发展还是国际增长的重要引擎。

　　表6-1可以清晰表明，从国家纵向比较角度来看，中国从2010年开始经济增长速度由10%左右的高速增长转为6%~7%的中高速增长，幅度出现一定的回落，并且近期保持相对稳定。但是从国家间横向比较可以更加直观地说明中国的经济增长情况是国际上表现非常突出的，韩国、巴西、印度、美国相同期间的经济表现与中国相比都有较大差距。韩国作为成功跨越中等收入陷阱的典型国家在2010年以后经济增长幅度与中国发展情况同步回落，并且经济增长态势远没有中国发展情况良好。与中国同为金砖国家的巴西作为陷入中等收入陷阱的典型国家在2010年经济增长情况尚可，此后2011年开始增速显著下降，又出现低速增长的趋势，以此情况跨越中等收入陷阱趋势不容乐观。选择印度作为比较的对象，是因为印度与中国同为金砖国家，又是亚洲最大的两个发展中国家。由表6-1看出，印度的经济增长情况与中国相比出现同步的增速回落，而且，印度作为低中等收入国家远远没有进入中国需要开始转型的经济调整期，整体情况尚且不如面临跨越中等收入陷阱的中国发展状况。美国作为发达国家的代表，2010年以来的状况是国际金融危机后表现较好的高收入国家，增长情况与中国相比也存在较大差距，反过来证明中国正处于对高收入国家的赶超过程中。

表6-1　2010年以来典型国家经济增长情况对比　　　　单位:%

年份	中国	韩国	巴西	印度	美国
2010	10.6	6.5	7.5	10.2	2.5
2011	9.5	3.7	4.0	6.6	1.6
2012	7.7	2.3	1.9	5.5	2.3
2013	7.7	2.9	3.0	6.4	2.2
2014	7.3	3.3	0.5	7.4	2.4
2015	7.0	2.8	-3.6	8.1	2.9
2016	6.8	2.9	-3.5	7.1	1.5
2017	6.9	3.1	1.0	6.6	2.3

数据来源：国家统计局。

　　造成上述情况是有明确客观原因的。从横向比较情况来看，包括中国在内的几个主要国家自2010年经济增速出现明显回落是由于2008年国际金融危机造成的影响远远没有消除，从 2011 年开始各国采取的补救措施作用效果已经衰弱，在影响经济增长的"三驾马车"中，国际间进出口情况大幅回落又开始拖累经济增长幅度，由于进出口情况是世界范围内的问题，所以各个国家都不可避免出现下滑。从中国国内的纵向比较来看，增速下滑也是有客观原因的。2008 年国际金融危机后中国投入"四万亿"逆周期应对计划，对于当时的严重态势起到了重要的逆转效果，在外贸一度出现超过百分之三十下滑的情况下取得近年持续增长非常不易。但是，投资的作用经过几年时间慢慢消失，没有后续重大投资项目支持，"三驾马车"中投资对于增长的促进效果开始减弱，经济增长幅度出现下降是必然情况。

当前影响经济增长"三驾马车"投资、消费与净出口基本保持稳定的情况下，促进经济持续稳定增长需要新的增长动力。通过上述分析，从供给角度考虑，加强创新是当前稳定增长速度、加强增长质量的关键。

2. 创新是持续发展突破方向

罗斯托经济发展阶段理论指明：经济发展分为六大阶段，每个阶段都有明确的划定。据此经济水平发展到一定程度必须转型升级，继续获得持续稳定增长的发展机遇。中国当前处于经济增长的转型期与新常态，必须适应当前的客观经济形势，并且根据中国发展阶段现实选择增长的重点方向。

中国现今面临经济结构优化升级的调整期需要改变对于过去发展路径的依赖，从更高层次分析当前经济问题寻找适合自身的路径变迁方向。目前，影响经济增长需求端投资、消费与净出口都存在各自的客观问题，推动经济持续稳定发展需要改变思路，寻找新的发展动力，加强供给侧结构性改革成为新的突破点。

经济增长 = 资本增长 + 劳动增长 + 全要素生产率

上式是从供给角度来看索洛经济增长模型，中国当前资本与劳动因素的增长通过四十年改革已经为经济发展提供了重要贡献，科技水平方面的提高是需要深入挖掘增长潜力的关键领域。通过四十年的改革，中国在配置资源方式和激发劳动效率方面实施多项重大措施，从"计划为主，市场为辅"到"实施完全的市场经济体制"，从"市场对资源配置起基础作用"到"市场对资源配置起决定作用"，再加"让一切劳动、知识、技术、管理、资本的活力竞相迸发"，已经有效调动了资本与劳动的增长作用。反观科技水平方面，中国发展情况与自身相比虽有极大提高，但是与当今高收入国家相比还存在明显差距，从整体来看，中国依然处于国际产业链的中低端，获取更高经济附加值的能力不足，拖累了经济增长数量与质量的提高。中国当前是世界第一"生产大国"，但是不是世界第一"创造大国"；中国是世界第一"贸易大国"，但是不是世界第一"获利大国"。究其原因，就是由于中国科技创新能力不强，不能掌控世界生产的产业链。因此，实施创新驱动发展是中国下一个经济增长点，在制度上解放对于资本和劳动的束缚后，需要继续进行经济体制改革并鼓励科技创新。

从经济增长的供给角度看，创新作为全要素生产率提高途径也有其自身发展的客观规律，鼓励科技创新需要提供保障创新的制度供给。新制度经济学认为制度同样需要平衡供给与需求，当相关的制度出现供给不足时会影响经济发展，需要进行加强相关制度的创新以便增加制度供给。中国当前需要实施创新驱动发展战略，在经济体制改革方面需要加强推动科技创新体制方面的改革与建设。从制度平衡促进经济发展角度看，中国20世纪70年代末期以来的经济增长重点归功于改革开放战略。通过持续科学配置资源、激发要素活力中国已经完成从低收入国家到高中等收入国家的经济增长历程，面向未来继续发展，在保持改革优化资本与劳动体制基础上，需要加大科技创新力度，保障创新制度供给，促进各种发展动力共同推动经济保持稳定增长，顺利跨越中等收入陷阱。

第七章 防控通货膨胀与本币贬值
——增强国家宏观调控与抵抗冲击能力

当前，有些发达国家已经处于负利率或零利率状态，这是经济发展阶段决定的，对于尚未进入高收入国家来说，防止通货膨胀与本币贬值更加需要迫切考虑。拉美和东亚国家跨越中等收入陷阱的过程中，都在发展关键阶段需要面对通货膨胀问题。成功跨越中等收入陷阱的国家基本较好地处理了通货膨胀问题，多数长期陷入中等收入陷阱的国家都遇到过比较严重的通货膨胀问题，进而在开放的国际经济体系中传导至汇率方面造成剧烈本币贬值，甚至最终由于通货膨胀和本币贬值造成严重经济危机。中国成功跨越中等收入陷阱必须处理好通货膨胀问题，选择合适的货币发行量，平衡国际收支稳定本国汇率，促进经济持续稳健发展，最终进入高收入国家行列。

一、中国通货膨胀与汇率情况概述

新中国成立后，国家长期实施计划经济，货币政策主要是国家战略管理方面的问题，市场经济基本缺失，即使出现货币方面的问题也只是与中央计划有关，不是真正意义市场机制作用条件下通货膨胀与汇率波动问题。直到改革开放以来，国家逐步实行并且完善市场经济，各种市场机制作用显现，货币政策调控机制正式开始运行，通货膨胀和汇率波动问题逐步与中国的经济发展相关联。

（一）中国通货膨胀发展历程

改革开放以来，中国经济发展产生过重大波动，但是与长期陷入中等收入陷阱的拉美与东亚国家相比，中国一直没有出现过恶性通货膨胀与严重本币贬值。相对来说中国处理通货膨胀与汇率波动问题比较合理，在货币领域，近期货币发行量涨幅较大问题一直是理论与实践方面关注的焦点。中国在跨越中等收入陷阱的过程中，需要关注货币供应量对于经济增长的重要影响。

1. 中国通货膨胀历程与问题

自 20 世纪 80 年代以来，中国数次出现通货膨胀与通货紧缩情况，总体来说，通货膨胀多于通货紧缩，主要还是面对通货膨胀问题。按照时间发展顺序来看，1984—1985 年出现最早的通货膨胀问题，政府采取各种应对措施后问题逐步得到解决。当时中国市场经济发展程度与管理水平还处于不断提高与完善之中，此后一直呈现"发生问题—解决问题"的循环。具体来看，表现为 1984—1985 年通货膨胀及其后的应对、1988—1989 年通货膨胀及其后的应对、1993—1994 年通货膨胀及其后的应对、1998—2002 年通货紧缩及其后的应对，以及 2007—2008 年的通货膨胀到 2009 年快速转为通货紧缩。① 中国进入中等收入国家水平后，基本上没有较大的通胀与紧缩，在发展过程中，总体以经济理论上的温和通胀为主。

中国开始实行市场经济以来，基本没有发生国际上公认的严重通货膨胀，但是经济过热与通货膨胀问题还是时有发生，出现的问题值得在今后的经济发展中引以为鉴。一是通货膨胀情况较多，通货紧缩情况较少。出现这种情况的原因主要与中国的经济增长模式有关，在中国近几十年的发展过程中投资占有重要地位，对于经济发展的过度追求往往导致投资过热，进而带动经济全面超出节制发展范围，产生通货膨胀问题。解决这一问题的办法就是合理平衡经济结构，协调好"三驾马车"促进经济增长比例关系，防止通货膨胀问题的发生。二是通货膨胀问题波动不断。造成这一现象主要是中国解决问题的方式比较单一，面对通货膨胀主要是靠财政政策与货币政策逆风向操作，导致政策与现实逆向而行，促成通货膨胀问题波动性出现。解决这一问题的办法应该是做好长期发展战略规划，前瞻性管理通货膨胀预期，减少人为制造波动因素。

2. 中国货币供应变化情况与问题

经济理论认为货币超发将会导致通货膨胀问题，中国在发展过程中尚未出现恶性通货膨胀情况，但是近年货币供应量增长迅速，发展过程值得注意。中国 2019 年国内生产总值 990865 亿元，货币和准货币（M2）供应量 1986489 亿元，M2/GDP 为 2.00 倍；2013 年国内生产总值 588018 亿元，货币和准货币（M2）供应量 1106524 亿元，M2/GDP 为 1.88 倍；2010 年国内生产总值 408903 亿元，货币和准货币（M2）供应量 725774 亿元，M2/GDP 为 1.77 倍；2000 年国内生产总值 99776 亿元，货币和准货币（M2）

---

① 根据国家统计局资料整理：http://www.stats.gov.cn/.

供应量 134610 亿元，M2/GDP 为 1.35 倍；1990 年国内生产总值 18774 亿元，货币和准货币（M2）供应量 15293 亿元，M2/GDP 为 0.81 倍。①

由此可见，中国在近三十年的时间跨度内货币供应量快速增长，剔除经济增长因素也是增幅相对较大，短短四十年 M2/GDP 比例增长超过 1 倍。这一情况固然有经济发展需要的因素，同时确实反映出货币供应量增长过快的问题。一是货币供应量快速加大与 M2/GDP 不断攀升必然出现通货膨胀趋势。造成通货膨胀的因素是多方面的，但是货币供应量加大是重要因素，中国不断增长的 M2/GDP 比例必然隐含了通货膨胀因素。二是货币供应量快速加大与 M2/GDP 不断攀升给予政府更多的控制力而降低了市场机制的运行空间。政府通过连续货币超发来加强货币政策调控，虽然从总体上增大宏观调控力度，但是同时扭曲了市场发挥配置资源的决定性作用，强化政府作用的同时削弱了市场机制能力。三是货币供应量快速加大与 M2/GDP 不断攀升影响了市场竞争主体的心理预期，进而放大了经济发展过程中的不合理因素，反过来又影响经济合理运行。货币发行数量短期影响非中性已经得到相应证明，货币获得方式与获得时间顺序对于经济主体行为有着重要影响，因此，中国这种快速货币增发必然传导至实体经济领域，对经济发展造成不可逆影响。

（二）中国应对经济问题的货币政策与反思

中国应对通货膨胀引致货币领域问题的主要解决思路实际上还是凯恩斯主义应对方式，即利用货币政策与财政政策联合进行宏观调控。② 这一应对方式在近年来的实践中取得了一定的效果，在未来的发展中应该继续探索更加精细化的管理与调控手段。

1. 中国应对发展问题的货币政策措施

表 7 - 1 列出了中国近十多年来经济发展形势与相应宏观经济政策的对比情况。由表 7 - 1 可以看出，中国现实中货币具有非中性，经济发展与货币政策高度相关，逆风向政策作用较大。在经济处于正常发展轨道中，中国基本保持积极的财政政策和稳健的货币政策推动经济发展，当经济形势发生波动后，货币政策会相应进行调整来逆向操作，尽量对冲发生的经济干扰。例如，2008 年全球主要国家受到严重国际金融危机冲击，国际经济

---

① 国家统计局：http：//www. stats. gov. cn/.
② 凯恩斯. 就业、利息和货币通论 [M]. 北京：商务印书馆，1999.

发展环境迅速恶化，面对这一情况，中国的应对策略迅速由当时的从紧货币政策调整为适度宽松的货币政策，与积极的财政政策相结合，强力应对危机对于中国经济发展造成的冲击，政策导向变化显著。中国近年来的货币政策对于宏观经济形势总体影响是正面的，没有造成经济发展的重大波动与严重的通货膨胀就是很好的证明。

表 7-1　经济形势与货币政策对照

年份	经济形势	对应货币政策
2020	"六稳""六保"	稳健的货币政策
2019	稳增长、促改革、调结构、惠民生、防风险	稳健的货币政策
2018	稳增长、促改革、调结构、惠民生、防风险	稳健的货币政策
2017	稳增长、调结构、防风险	稳健的货币政策
2016	稳增长、调结构、防风险	稳健的货币政策
2015	稳政策稳预期、促改革调结构	稳健的货币政策
2014	稳增长、调结构、促改革	稳健的货币政策
2013	稳增长、转方式、调结构	稳健的货币政策
2012	稳增长、调结构、控通胀	稳健的货币政策
2011	稳物价、保增长、调结构	稳健的货币政策
2010	调结构、保增长、防通胀	适度宽松的货币政策
2009	扩内需、保增长、转方式、调结构	适度宽松的货币政策
2008	控总量、稳物价、调结构、促平衡	从紧的货币政策
2007	保持国民经济又好又快发展	稳健的货币政策
2006	保持宏观经济政策连续性和稳定性，着力提高经济增长的质量和效益	稳健的货币政策

注：根据历年政府工作报告整理。2010 年以后总体是稳健的货币政策，但是具体实施过程中具有差别，2011 年广义货币增长目标 16%，2012 年广义货币预期增长 14%，2013 年至 2016 年广义货币预期增长 13% 左右，其后继续下降，2020 年由于疫情货币政策略有宽松。

2. 中国应对货币问题反思

中国已经进入高中等收入国家行列，面对跨越中等收入陷阱的重大问题需要更加提高自身的发展能力，应对新的国际国内形势，制定与执行货币政策必须适应经济发展新常态。

第一，建立长效机制，加强预期管理。中国近年来经济发展相对顺利，成果喜人，但是更要居安思危，在没有严重通货膨胀的情况下建立货币政策的长效机制，并且政策的制定与执行更加公开透明，给予各个市场主体正面心理预期，使得经济发展具有持续性与稳定性。

第二，保持政策稳定，加强制度建设。中国近年来实施相机抉择的货币政策解决实际相关货币问题取得了较好的成效，促进经济发展需要继续保持政策制定的稳定性。同时，面对不同经济发展形势调整政策走向，中国还需加强制度建设，利用规范合理的制度引导市场主体进行理性选择，充分发挥市场配置资源的决定性作用，减少政府不必要的干预，集中精力在关键领域发挥政府的重要作用。

第三，加强宏观管理指标体系建设。中国货币供应量持续较快增长，对于经济发展必然产生较大影响，合理确定货币投放指标体系是科学管理货币供应的关键，因此，制定货币政策需要尽量减少对于实体经济的干扰，确定货币供应量要有明确的定性与定量说明。

（三）中国汇率发展变化情况

中国的汇率发展变化情况是相对稳定的，对于中国经济发展过程基本没有产生负面影响，图 7-1 是中国人民币兑美元汇率变化情况，2004 年开始同时标出了欧元汇率变化情况。

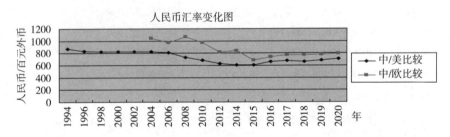

图 7-1　人民币兑换美元、欧元汇率变化情况（人民币/百元外币）

（资料来源：国家外汇管理局）

由图 7-1 可见，中国汇率情况基本一直比较稳定，并且从 21 世纪开始计算总体是升值的。长期来看，货币汇率形成主要取决于两国之间货币的需求与供给，基本反映了国家的收支平衡情况。中国汇率长期保持相对稳定，对于经济增长起到积极的促进作用，具有坚实的政策与物质基础。中国一直实施管制汇率的外汇政策，币值上坚持与美元挂钩，当前实施浮动管理政策给予汇率一定的波动空间反映汇率变化，同时确保汇率不至于严重升值或者贬值，只有长期的较大幅度升降走势而没有短期的剧烈波动。从政策方面看，中国基本保证了汇率的持续稳定。从国际收支角度看，中国现今是世界最大的生产国与贸易国，长期维持贸易顺差，外汇储备一度达到四万亿美元左右，近年基本稳定在略超三万亿美元。因此净出口情况不仅保证了中国本币不会大幅贬值，21世纪以来的一定幅度升值充分显示了中国的国家经济实力和国际收支情况。稳定的汇率发展变化情况不仅有利于中国的经济增长，同时在以美元计价的衡量体系中大致合理反映了中国人均收入增长情况。

二、典型国家情况比较与借鉴

成功跨越中等收入陷阱经济体基本没有严重的通货膨胀并能保持本国汇率相对稳定，陷入中等收入陷阱国家大多发生过恶性通货膨胀，并且本币大幅贬值造成国际收支严重失衡，因此中国需要关注通货膨胀与前瞻汇率波动问题，结合当今实际状况，合理控制货币发行。

（一）典型国家情况比较

成功跨越中等收入陷阱的经济体在发展过程中的战略选择符合本国现实，政府基本能够相对合理调控本国宏观经济，没有发生严重的通货膨胀情况，同时基本保持本币汇率稳定没有出现经济大起大落，最终顺利进入高收入经济体行列。

长期陷入中等收入的国家较多发生严重通货膨胀与本币大幅贬值。相对于成功跨越中等收入陷阱的国家，这些国家发生的通货膨胀与本币贬值对本国的经济增长造成严重影响，是长期陷入中等收入陷阱的重要因素。例如，以巴西为典型代表的拉美国家由于不适当的经济发展战略，导致产生了严重的通货膨胀和大幅本币贬值，损害了经济增长能力，形成了发展的恶性循环，最终经济增长乏力，长期陷入中等收入陷阱。对比成功跨越中等收入陷阱的国家，这些陷入中等收入陷阱的典型代表国家的发展道路明显出现路径选择问题（见表7-2、表7-3、图7-2）。

表7-2　典型国家通货膨胀率变化情况比较　　　　　　单位:%

年份	国别通货膨胀数据		
	韩国	巴西	中国
1988	6.7	651.1	12.1
1989	5.7	1209.1	8.6
1990	10.4	2700.4	5.7
1991	10.2	414.2	6.7
1992	7.9	968.2	8.2
1993	6.4	2001.3	15.2
1994	7.7	2302.8	20.6
1995	7.5	93.5	13.7
1996	5.0	16.4	6.5
1997	3.9	7.7	1.6
1998	5.0	4.9	-0.9
1999	-1.0	8.0	-1.3
2000	1.0	5.5	2
2001	3.7	8.1	2
2002	3.1	9.9	0.6
2003	3.4	14.0	2.6
2004	3.0	7.8	6.9
2005	1.0	7.5	3.9

数据来源：世界银行。

表7-3　典型国家汇率变化情况比较（该国货币/美元）

年份	国别汇率变化数值		
	韩国	巴西	阿根廷
1988	731.47	—	—
1989	671.46	—	0.04
1990	707.76	—	0.49
1991	733.35	—	0.95
1992	780.65	—	0.99
1993	802.67	0.04	1.00
1994	803.45	0.67	1.00
1995	771.27	1.00	1.00

续表

年份	国别汇率变化数值		
	韩国	巴西	阿根廷
1996	804.45	1.01	1.00
1997	951.29	1.08	1.00
1998	1401.44	1.16	1.00
1999	1188.82	1.81	1.00
2000	1130.96	1.83	1.00
2001	1131.00	2.35	1.00
2002	1291.00	2.92	3.06
2003	1251.09	3.08	2.90
2004	1191.61	2.93	2.92
2005	1145.32	2.43	2.90

数据来源：世界银行。

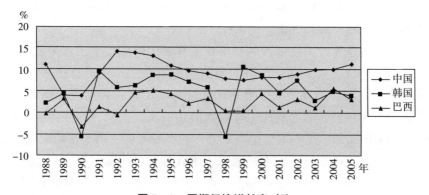

图7-2　同期经济增长率对比

（数据来源：世界银行）

　　通过表7-2、表7-3和图7-2对比情况可见，成功跨越中等收入陷阱的国家在通货膨胀与币值稳定方面都表现较好，陷入中等收入陷阱的国家普遍存在恶性通货膨胀和大幅本币贬值，中国的通胀与汇率问题一直表现良好，通胀与汇率表现与经济增长高度正向相关。表7-2是跨越中等收入陷阱典型国家韩国和陷入中等收入陷阱典型国家巴西通货膨胀情况比较，选择1988年作为起点是因为韩国开始达到高中等收入水平，巴西也开始长期稳定在中等收入水平。表7-3是典型国家汇率情况，同样反映了成功跨越中等收入陷阱国家币值长期保持相对稳定，陷入中等收入陷阱国家本币贬值严重，对于经济增长造成严重冲击。图 7-2 充分显示了通货膨胀和本币贬值对于经济增长的影响，20 世纪 80 年代末到 90 年代初巴西通货膨胀严重，导致本币兑换美元无法正常进行，进出口情况失衡，动荡环境促使经济停滞不前，完全阻碍了经济发展进程。

第一，跨越失败国家僵化的发展战略导致经济发展模式不能紧跟实际发展水平，生产水平逐步落后于世界先进水平。通过比较日本和韩国等成功跨越中等收入陷阱的国家，拉美与东亚陷入中等收入陷阱国家长期固守僵化的进口替代与出口导向等政策，在经济发展到一定程度时没有及时调整国家发展战略借以实现科技创新与战略升级，长期固守原来的发展模式不变，失去了发展的良机。产业链的低端化和自由开放的经济政策使得本国发展受制于发达国家，为了解决巨大的赤字与外债问题迫不得已实施扩张型货币政策，产业策略失误与投资效率低下导致产生严重的通货膨胀，并且外债到期无法偿还被迫造成本币大幅贬值。通常情况下本币贬值可以促进出口，但是恶性贬值导致货币没有正常需求，低端产品水平没有国际竞争力，外汇储备消耗殆尽情况下会导致巨额外债无法偿还，本国资产被廉价收割，进而形成经济螺旋式下滑。

第二，跨越失败国家错误的经济政策导致生产能力生产水平低下问题不断放大，形成发展的恶性循环。当这些国家已经产生通货膨胀问题时，宏观经济政策选择失误放大了经济增长能力的不足，进而产生恶性循环，导致经济发展停滞，成为陷入中等收入陷阱的重要因素。这些国家宏观经济出现问题时，采取了本国货币联系美元的汇率制度，由于生产能力不足、创汇能力低下，联系美元的策略制约了政府的货币政策调控能力，进而外债急剧增多，一旦取消汇率管制本币严重贬值，通货膨胀现象不仅没有好转反而问题不断加大，通货膨胀导致经济发展剧烈波动与停滞，长期陷入中等收入陷阱。

总之，长期经济发展过程中，根据经济周期波动理论，经济出现周期性变化是正常与不可避免的，因此通过传导作用货币与汇率方面的波动同样是合理的，但是政府作为宏观调控的主体，必须重视严重通货膨胀与大幅本币贬值的恶性后果，前瞻性采取措施尽量弱化与消除这些影响经济发展的不利因素。

（二）启示与借鉴

在中国从高中等收入国家向高收入国家迈进的过程中，合理选择货币政策，谨防通货膨胀与汇率波动是跨越中等收入陷阱的重点关注问题。借鉴成功跨越与长期陷入中等收入陷阱国家正反两个方面经验，对于中国的经济增长具有重要启示作用。

第一，通货膨胀严重损害国家经济发展，必须加强对于通货膨胀的控制。在经济增长理论中通常认为温和的通货膨胀会刺激产出的增长，因此长期没有发生恶性通货膨胀的情况促使通货膨胀问题往往让位于其他宏观调控目标。对于中国新常态的经济发展，即使中国多年来没有出现陷入中等收入陷阱国家的严重通货膨胀也要重视这一问题，防止经济忽冷忽热，避免阻碍增长速度与发展质量提高。

第二，对于快速上涨的货币供应量给予足够的重视，探索建立合理货币供给结构和供给指标体系。引起通货膨胀的经济原因多种多样，但是在具体表现方面来看，快速上涨的货币供应量是出现通货膨胀的重要原因。在本国产出能力不强的情况下进行货币超发必然会引起通货膨胀，因此，必须重视货币供应量快速上涨的问题，建立健全合理的货币供给量化机制。

第三，经济全球化背景下货币政策与汇率政策紧密结合，借鉴蒙代尔不可能三角理论，防止输入型通货膨胀。许多陷入中等收入陷阱的国家都存在通货膨胀问题，并且在经济全球化的大环境下不能采取封闭的经济发展战略，为此必须把货币政策与汇率管理相结合，防止国外因素对于本国经济发展的冲击，维持自身经济发展情况的长期稳定。中国目前没有严重的通货膨胀问题，但是存有大量外汇储备需要本国货币进行对冲，较大外汇占款必然是引起输入型通货膨胀的重要因素，在经济增长的过程中需要加以足够重视。

三、防控通货膨胀与防范本币贬值

经济理论通常认为，严重通货膨胀对于经济增长具有明显的阻碍作用，温和的通货膨胀对于经济增长则有刺激作用，因此，在经济发展过程中合理调控物价上涨幅度、对于经济施加正面影响是成功跨越中等收入陷阱的重要工作。同时，需要继续保障汇率稳定，妥善渐进实施汇率市场化与资本账户完全开放，避免发展过程中出现较强外部经济冲击。

（一）防控通货膨胀理论与策略

对于通货膨胀问题不同的货币理论提出不同的应对策略，中国必须结合自身的发展情况做出适合国情的政策选择。

1. 调控通货膨胀理论比较

关于通货膨胀的研究比较有影响力的流派主要有以下几种，都系统提出了自身的理论阐述。

凯恩斯主义通货膨胀理论。凯恩斯主义的理论基础是由于存在三大心理因素导致存在实际需求不足，因此对于宏观经济的管理重点集中在总需求上。凯恩斯主义关于通货膨胀的理论基础在于认为经济结构中总需求与总供给不平衡，这种情况下需求与供给扭曲导致通货膨胀。

货币主义的通货膨胀理论。以弗里德曼为代表的货币主义认为，货币对于经济的产出不产生实质影响，货币政策的长期目标是保持物价与币值的稳定，应该减少货币对于宏观经济干扰。货币主义认为通货膨胀是一种货币现象，主要是政府由于自身的考虑实行货币超发，这种情况对于经济发展没有好处，应该给予适当的处理以消除通货膨胀。

理性预期学派的通货膨胀理论。理性预期学派认为，社会公众对于政府的经济政策具有分辨能力，进而在自身判断的基础上进行理性预期，因此政府的经济政策短期会造成实际经济后果，从长期来看，由于公众的理性预期与提前应对，政府推行的经济政策不会产生预想的经济后果。在此基础上，理性预期学派认为通货膨胀完全是政府因素造成的。

以哈耶克为代表的奥地利学派通货膨胀理论。奥地利学派的货币理论主要认为，货币在定价过程中具有重要作用，货币对于相对价格产生较大影响。并且，货币导致的相对价格变动对资本结构产生影响，进而影响了经济生产的各个方面，这种具有时间发展顺序的经济后果具有不可逆性。哈耶克作为奥地利学派的代表，分析通货膨胀理论时加入了人类行为分析法和市场过程等理论，开始从微观视角和时间序列方面考虑通货膨胀理论，认为通货膨胀改变了经济利益的分配。

通过比较各种经济理论的阐述，相比于静态的均衡理论，在制定经济政策时考虑时间顺序因素对于经济后果的影响更加接近现实，因此对于通货膨胀的调控应该更加注重中国的现实情况。①②

2. 调控通货膨胀策略选择

成功跨越中等收入陷阱必须合理应对通货膨胀问题，中国在经济增长

---

① 弗里德曼. 最优货币量 [M]. 北京：华夏出版社，2012.

② 萨缪尔森. 萨缪尔森谈失业与通货膨胀 [M]. 北京：商务印书馆，2012.

的过程中同样需要防止严重通货膨胀，保持物价处于一个合理增加范围内。

第一，调控通货膨胀要保持货币政策稳定。货币在经济社会运行过程中是非中性的，货币的分配方式与时间顺序对于经济运行影响重大，表现为通货膨胀的货币扩张改变了相对价格，进而影响了资源配置，因此要尽量保持稳定的货币政策。货币大量扩张必然导致通货膨胀，过度的货币超发影响了社会的生产结构，导致经济过热与结构失调。可见，货币政策实施情况与通货膨胀问题高度相关，防控通货膨胀必须保持货币政策总量合理、实施稳定。

第二，调控通货膨胀要考虑实施时序。通货膨胀对于社会生产与利益分配具有重要影响，并且这种影响具有不可逆性，调控通货膨胀要考虑时序问题。通货膨胀对于生产、分配、消费等再生产环节会造成较大的利益再分配效应，并且实际情况不同于静态分析的结果，通货膨胀造成经济后果不会在长期自动达到均衡状态。根据路径选择与路径依赖理论分析，改变一种经济秩序有时需要较高的经济成本，并且由于未来结果的不确定性驱使人们习惯于当前的稳定经济状态。

第三，调控通货膨胀要加强通货膨胀预期管理。理性预期学派论述了预期对于经济政策后果具有重要作用，公众会从自身利益出发，对政府做出的政策进行预期并提前做出应对，因此政府制定的经济政策不一定完全按照政府意图完成。在政府与公众之间通货膨胀是相对有利于政府的，因此公众会对通货膨胀程度进行预期以争取自身利益，政府要合理处理好通货膨胀问题，提高公信力，加强通货膨胀预期管理。

（二）调控货币供应量理论与策略

通货膨胀对于经济发展具有严重的经济后果，陷入中等收入陷阱的国家多数出现了严重的通货膨胀问题，而成功跨越中等收入陷阱的国家基本没有严重的通货膨胀现象，因此合理管控通货膨胀是中国跨越中等收入陷阱的重要目标。货币供应量与通货膨胀问题高度相关，中国目前 M2/GDP 比值持续走高，为促进经济持续稳定增长，中国政府必须合理调控货币供应量。

1. 调控货币供应量理论依据

目前没有形成完全得到公认的确定合理货币供应量理论，通常采用 M2/GDP 比值进行衡量。近年来中国每年的货币供应增长率开始在 13% 左右，慢慢降到 8% 至 10%，相比于经济增长率与人口增长率之和还是略有偏高。

虽然中国目前没有发生明显的经济过热与通货膨胀问题，但是 M2/GDP 比值逐年增高，二十余年已经增长一倍以上，对于货币供应量与通货膨胀问题应该给予充分重视，并借鉴相关理论进行合理调控。

马克思货币流通公式、费雪方程与剑桥方程。马克思在《资本论》第一卷提出了货币流通公式，提出货币流通量与社会商品总价格成正比，与货币流通次数成反比。同样，费雪方程与剑桥方程也采取不同的表达方式对于货币供应量问题进行了阐述，虽然研究方法与内容上不尽相同，但是实质上都表明货币供应量应该与产出和价格成比例关系。这三种理论的核心内容都表述了在社会生产能力或者产出比较稳定的情况下，货币供给过多必然导致价格上涨。这些理论表明中国在促进经济增长的过程中不能长期过大幅度增加货币投放。[1]

凯恩斯货币理论。凯恩斯主义认为货币的供给是政府确定的恒量，货币的需求除了由于交易和谨慎的需求以外还有投机需求，供给与需求的均衡点决定了利率水平，进而影响参与主体的经济选择，投资与投机都会对社会经济发展造成影响。凯恩斯的财政与货币政策调控方法具有深远的影响，直至目前也常常被选为宏观调控的重要手段。[2]

弗里德曼货币理论。货币主义代表弗里德曼的货币数量理论同样存在重要的影响，对于货币政策选择具有深远指导作用。弗里德曼货币理论认为，经济活动中的变量分为名义变量和实际变量，价格是联系名义货币数量与实际货币数量的纽带，实际货币数量表明持有者的真正财富，货币供应数量变化造成价格和名义收入发生变动。关于货币供给数量，货币主义认为在一定时期内货币需求是相对稳定的，货币供给的变化就会造成国民收入的变动，货币供给量决定国民的名义收入与经济获得的选择。由此可见，弗里德曼货币理论认为货币是重要的经济力量，具有决定性能力。[3]

2. 调控货币供应量策略选择

理论普遍认为货币供给对于经济发展具有重要作用，因此，中国跨越中等收入陷阱的过程中，在重视通货膨胀问题的同时，必须认真对待货币供应量问题。

第一，发展经济必须重视生产。由费雪方程与剑桥方程可见，持续增

---

[1]　高鸿业. 西方经济学（第四版）[M]. 北京：人民大学出版社，2010：517－539.

[2]　凯恩斯. 就业、利息和货币通论 [M]. 北京：商务印书馆，1999.

[3]　弗里德曼. 最优货币量 [M]. 北京：华夏出版社，2012.

长的货币供给量必须有产能提高给予平衡，如果社会产出不足单纯提高货币供应量必然导致通货膨胀，持续的通货膨胀会影响经济发展进程，阻碍中国成功跨越中等收入陷阱。

第二，根据经济增长率合理调控货币供应量，消除过度投资与投机因素，促进实体经济发展。在经济增长率与人口增长率等因素相对稳定的情况下，合理控制货币增长率会使货币供给与货币需求相对应，消除过度投资与投机因素有助于国民经济结构平衡，总体上促进经济持续稳定增长。

第三，稳定货币供应量同时完善货币投放机制，形成良好预期消除波动性影响。货币需求相对稳定，过度供给就会造成货币超发，引起通货膨胀，对价格和名义收入造成影响。由于社会再生产的各个环节是相互联系、相互影响的，因此稳定货币供求关系的同时，从长期来看要形成货币定性定量投放的长效机制，合理引导公众对于未来的预期，降低经济增长过程中的波动。

（三）关于汇率市场化与资本账户完全放开对策建议

目前，中国汇率情况相对比较稳定，作为外贸顺差大国与外汇储备大国，经济层面的强力支持使得中国货币和汇率政策可以充分自主决定，并且可以保持中国货币不会出现明显贬值影响经济增长目标。现阶段汇率市场化与资本账户完全放开是国家金融工作的重点，需要审慎应对，避免对经济增长造成负面冲击。

对外金融领域，虽然汇率市场化与资本账户完全放开是全面融入国际社会必须面对的问题，但是这一过程应该是渐进的，需要具备充分应对"蒙代尔不可能三角"和"卢卡斯谜题"的策略，这样才能保持经济持续稳定增长，进而成功跨越中等收入陷阱。

在 IS – LM – BP 模型中，如果采用自由汇率政策，资金流动造成汇率波动，进而影响利率，最终影响国民收入与产出，这时必须采取逆向宏观政策措施对冲资金流动影响。因此，"蒙代尔不可能三角"表明货币政策独立、资本自由流动、汇率稳定三者之间难以完全实现，中国的汇率市场化与资本账户完全放开需要在提高政府调控能力的情况下逐步实施。

同样，完成汇率市场化与资本账户完全放开还需要合理应对"卢卡斯谜题"。在完全开放的国际经济体系中，相对发达国家在资金与技术方面通常占有优势，发展中国家亟须资金与技术进行经济发展，这样发达国家的资金在本国充裕而发展中国家稀缺的情况下应该理性选择投入发展中国家以追求更高的资金回报率。可是根据诺贝尔经济学奖获得者罗伯特·卢卡斯研究发现，第二次世界大战之后资金更多的是从相对稀缺的发展中国家流向发达国家，这就是"卢卡斯谜题"。这种情况同样在中国内部二元经济结构中类似出现，即农村与城市比较中资本相对稀缺，但是最终还是农村的大量资金流向城市。

这些现象扭曲了自由经济中市场作用机制，对于经济发展结果具有较大影响，中国在实施汇率市场化与资本账户完全放开过程中必须具有合理应对问题的能力和对策，这样才能审慎推进。目前汇率情况基本良好，进行更加合理的制度变迁必须要建设好多重政策制度体系，提高自身宏观调控的能力与水平。

第八章　加强收入分配重要作用

——合理收入分配促进经济发展

收入分配是社会再生产的重要环节，合理的收入分配格局可以促进经济发展，完善收入分配是中国跨越中等收入陷阱进入高收入经济体行列的重要工作。

一、中国收入分配情况概述

经过改革开放以来高速经济发展，中国人均收入水平大幅提高，在2010 年达到世界银行划定的高中等收入水平，目前已经超过 1 万美元。在经济快速增长过程中，收入分配格局出现不尽合理的情况，收入差距加大等负面问题开始显现。

（一）中国收入分配领域现状及问题

中国收入分配情况经过几十年的发展，人均收入已经达到世界中等水平，在取得长足进步的情况下，也存在一定的问题。

中国目前在收入分配领域取得的成就是举世瞩目的，从贫穷国家快速发展到高中等收入国家，人民生活水平有了极大的提高，体现出中国经济高速增长的巨大成绩，主要表现在以下方面。一是近年来人均收入水平持续增长，已经由贫穷水平进入到中等收入水平，并且在 2010 年达到高中等收入国家偏上水平。新中国成立初期，由于历史的原因，经济水平低下，在世界各国总体处于最低群体，衣食住行等基本生存方面都得不到保障，严重影响了中国的国际地位与国际影响力。经过几十年特别是改革开放以来的快速发展，目前中国人均收入超过 1 万美元，达到高中等收入水平，不仅各种基本生活需求得到满足，人民已经开始追求更高的物质要求与精神要求。二是中国作为世界生产工厂，实际生活质量更高于人均收入在世界排名显示的情况，从基本物质需求方面看，中国实际商品与劳务的消费情况远远好于人均收入反映出的情况，以购买力平价来看高于很多人均收入水平更高的国家。

不可否认的是中国收入分配领域还存在着一些严重的问题，如果不加以重视甚至会影响到国民经济的持续稳健发展。因此必须特别重视并采取积极措施加以应对收入领域问题。一是收入差距在改革开放后开始加大，基尼系数已经较长时间超过国际普遍认为需要加以警惕的 0.4 警戒线。2003年以来中国基尼系数总体趋势有两个重要特点，一是先升后降，以 2008 年为顶点，呈扁平倒 U 形状，2003 年开始分别是 0.479、0.485、0.487、0.484，2008 年达到峰值 0.491，其后逐步回落，2009 年至 2016 年基尼数分别是 0.490、0.481、0.477、0.474、0.473、0.469、0.465、0.467；基尼系数尽管有下降趋势，但还是长期远高于国际警戒线。客观事实表明中国收入分配长期处于严重两极分化状态，必须采取适当措施加以矫正，以免问题继续扩大影响经济领域其他问题。二是中国收入分配秩序不够规范，亟需建立健全合理机制和完善各种政策措施。中国在改革开放以后，为了促进经济发展，打破过去僵化的管理体制，采取了一系列手段促进经济的快速发展，在改革过程中为了减少对于经济发展的限制使用了当时比较高效的措施。随着经济发展与社会进步，现在一些问题开始显现，需要根据情况加以改变，急需建立健全合理机制和完善各种政策措施来规范收入分配领域问题。三是有关收入分配的法律法规建设滞后，在新形势下必须加强分配领域法制化管理。中国收入分配领域出现问题后，由于缺少明显的惩戒与制约机制，导致问题加剧，这时必须要采取法律手段加以合理解决。

（二）收入分配领域产生问题的原因与影响

中国收入分配领域存在明显差距较大问题，造成这种状况的原因是多种因素共同作用的结果，对于中国经济发展具有显著的影响，解决顺利与否直接关系到经济持续稳定增长与成功跨越中等收入陷阱。

1. 收入分配领域产生问题原因

中国收入分配差距相对较大的问题已经持续了一段时间，造成这种情况是多重原因的叠加，[1] 需要进行科学甄别以便合理应对。

第一，地理的、历史的以及社会的多重原因。中国幅员辽阔，各地区经济发展严重不平衡，长期以来沿海地区经济明显比西部发达，人均收入也高出较多。例如，"胡焕庸线"两侧经济发展明显存在差距。并且中国近代以来历史情况复杂，形成的收入分配格局在新中国成立以后虽有改变，但是影响仍然存在，市场经济的发展又放大了这种过去形成的差距，对现

---

① 李兴山. 社会主义市场经济理论与实践 [M]. 北京：中央党校出版社，2004：351.

今的分配格局造成影响。社会方面，中国二元经济结构长期事实存在，对于收入分配问题同样造成较大影响。总之，多重情况对于收入分配问题产生了叠加性效应，导致问题不会在短期轻易得到解决。

第二，改革开放因素也是产生差距的原因。改革开放前中国大锅饭现象严重，极大制约了经济的发展。为了解决当时的重点问题，在公平与效率之间中国提出效率优先，更加注重发展的成果，这种情况下市场经济机制增强了竞争促进了发展，但是负面效应也促使收入差距过大。并且，由于资本、关键技术等稀缺性资源与发达国家相比处于非常短缺状态，在分配方面劳动收入相对较低，造成贫富差距较大。

第三，经济增长的阶段性效应。世界经济增长的经验表明，在发展过程中都会存在分配差距变化的情形，库兹涅茨倒 U 形曲线在发展过程中具有明显的普遍性，中国当前经济发展的阶段面临分配方面的问题，必须通过经济增长与宏观调控来应对这一收入分配领域问题。①

2. 收入分配领域产生问题影响

收入分配问题与个人利益息息相关，也与国民经济增长联系密切，收入分配问题不仅仅表现在社会再生产的分配环节，对于整个国家的发展与稳定同样高度相关。

第一，收入分配问题直接影响经济增长。库兹涅茨倒 U 形曲线表明收入分配与经济增长高度相关，如果不能合理处理好收入分配问题，多国经验表明，这一问题会传导到社会各个方面，进而拖累经济的持续稳定增长。

第二，收入分配问题影响经济资源活力，进而拖累经济增长。市场经济机制下，经济资源取得相应回报是市场高效配置资源的必然要求，如果付出与回报不成比例必然影响资源发挥作用的积极性与主动性，直接影响经济效率提高，进而影响经济增长速度。

第三，收入分配问题影响社会稳定，进而影响经济增长。生产主体不能得到相应的回报而各种不合理、不合法情况可以获得较高收入必然影响社会的稳定，长期出现这种状况不能圆满解决就会形成负面的影响力，严重影响社会稳定与政府信誉，导致生产能力用于社会内耗方面，削弱社会凝聚力与稳定性，促进资源配置效率降低，影响经济持续稳定增长。

---

① 库兹涅茨. 各国的经济增长 [M]. 北京：商务印书馆，1999.

二、典型国家情况比较与借鉴

收入分配情况对于经济增长具有重要影响，成功跨越中等收入陷阱的国家基本长期保持收入分配相对公平，在跨越中等收入陷阱的过程中基尼系数一直保持在相对合理区间。长期陷入中等收入陷阱的国家多数出现收入贫富不均的现象，基尼系数普遍高于 0.4，有的国家甚至达到 0.5 以上。中国目前处于跨越中等收入陷阱关键时期，近年来基尼系数一直保持在 0.4~0.5，① 合理借鉴正反两个方面的经验，努力降低基尼系数对于中国成功跨越中等收入陷阱具有重要意义。

（一）典型国家情况比较

成功跨越与长期陷入中等收入陷阱的国家在收入分配方面的情况通常相反，成功国家基本上收入分配长期保持相对公平，失败国家普遍收入分配方面存在贫富分化的现象，基尼系数相对较高。

1. 日本和韩国的情况

战后日本经济贫穷落后，开始重建后其国民经济迅速起飞，到 20 世纪 80 年代人均收入已经达到 1 万美元以上，进入高收入国家行列，2010 年人均收入已经突破 4 万美元。从收入分配方面看，日本政府提出国民收入倍增计划，在大力促进经济快速增长的同时非常重视国民收入分配情况，强调增加劳动收入和促进居民消费，保持收入分配结构合理，进而保持消费在国民经济中的合理比例，推动经济健康发展。1965 年日本基尼系数为0.366，1970 年为 0.354，1975 年为 0.361，1980 年为 0.364，1985 年为0.365，1990 年为 0.369，2000 年为 0.329，② 在跨越中等收入陷阱和经济持续快速增长期间收入分配情况一直保持在相对合理区间，收入分配对于经济增长起到合理促进作用。

作为东亚国家的韩国同样在第二次世界大战中经济受到重创，战后还是贫穷国家。韩国相对于日本发展较晚，20 世纪 60 年代开始实行出口导向型发展战略，推动本国经济开始快速发展，1960 年韩国人均收入为 155 美元，1977 年人均收入超过 1000 美元，1987 年人均收入为 3368 美元，开始进入中等收入经济体行列。1995 年，韩国人均收入达到 11468 美元，仅仅

---

① 国家统计局：http：//www.stats.gov.cn/.

② 国家统计局：http：//www.stats.gov.cn/.

只用八年就成为高收入国家，并在 2010 年达到 19720 美元，人均收入已经开始稳定处于高收入经济体行列。① 收入分配方面，韩国一直保持了相对合理的分配结构，在跨越中等收入陷阱的过程中收入分配差距没有拉大。1975年韩国基尼系数为 0.377，1980 年为 0.357，1985 年为 0.380，1990 年为0.402，1992 年为 0.388，在 1990 年达到国际公认公平边界后开始下降。② 韩国长期收入分配相对合理使得韩国社会保持稳定，促进了经济的快速增长。

2. 拉美和东亚陷入中等收入陷阱国家情况

相比日本和韩国的收入分配情况，拉美和东亚陷入中等收入陷阱的国家普遍出现两极分化明显现象，对于经济增长起到了负面作用。拉美国家以阿根廷为例，20 世纪早期阿根廷人均收入高于日本和韩国，但是各种原因叠加造成经济发展出现严重问题，收入分配方面长期存在贫富不公现象，基尼系数一直远高于 0.4 的国际警戒线，20 世纪末及 21 世纪初突破 0.5 的恶化水平并居高不下。亚洲国家代表马来西亚情况同样不容乐观，1977 年人均收入为 1030 美元，基本与韩国水平相当，但是马来西亚几十年来一直没有跨越中等收入陷阱，经济增长相对缓慢。从收入分配方面看，1970 年，马来西亚的基尼系数为 0.474，到 2009 年为 0.462，一直保持高于 0.4 的国际警戒线，贫富差距情况不容乐观（见图 8 - 1）。③

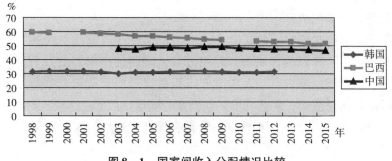

图 8 - 1　国家间收入分配情况比较

从收入分配方面看，成功跨越与长期陷入中等收入陷阱国家的贫富分化情况明显不同，成功跨越中等收入陷阱的国家收入分配相对合理，基尼系数基本处于 0.4 的国际警戒线以下。合理的收入分配情况促进了社会的稳

①　世界银行：http：//data. worldbank. org. cn/.

②　韩国统计厅：http：//kostat. go. kr/portal/eng/index. action.

③　国家统计局：http：//www. stats. gov. cn/.

定，保持了经济结构相对健康，对于推动经济快速增长具有重要意义。并且，根据图8-2增长与分配对比情况，韩国1988年到1995年是从高中等收入成功跨越中等收入陷阱进入高收入国家行列的时间，收入分配差距最大值年份为1990年，其后收入分配情况逐步开始好转进入合理区间，发展情况比较符合库兹涅茨倒U形曲线轨迹。

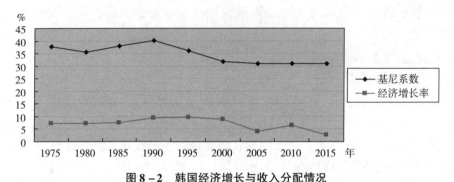

图8-2　韩国经济增长与收入分配情况

（数据来源：国家统计局与韩国统计厅，图中韩国经济增长率为1981年数值）

（二）启示与借鉴

中国在达到世界银行划定中等收入水平的时间落后于拉美与东亚的一些国家，这些国家成功跨越与长期陷入中等收入陷阱的经验值得中国在增长过程中充分加以借鉴。

第一，充分重视收入分配公平问题。根据这些国家成功跨越与长期陷入中等收入陷阱的经验，成功跨越中等收入陷阱的国家基尼系数都保持在国际公认的合理范围内，陷入中等收入陷阱典型国家的基尼系数基本都突破了国际公认警戒线，甚至其中一些国家的基尼系数已经达到0.5以上，进入收入分配危险区域。收入分配问题具有重要的现实意义，在跨越中等收入陷阱的过程中必须给予充分重视。

第二，收入分配公平与经济发展密切联系。根据马克思社会再生产理论阐述，收入分配是社会再生产的重要环节，收入分配反作用于生产环节，并且对于消费产生重要影响，因此收入环节出现问题就会导致整个社会生产发生混乱。根据这些国家成功跨越与长期陷入中等收入陷阱的正反两个方面经验，收入分配公平国家取得经济发展效果比较显著，长期陷入中等收入陷阱国家通常基尼系数明显高于成功跨越中等收入陷阱国家，经济发展波动较大。

第三，解决收入分配问题需要发挥政府重要作用。市场经济体制下，有关经济问题主要通过市场机制解决，在市场失灵导致市场机制难以发挥作用的情况下需要政府发挥重要的调节作用。成功跨越与长期陷入中等收入陷阱的国家基本都实行市场经济，但是长期陷入中等收入陷阱国家在发展过程中多数放松对于收入分配的管理，导致市场经济产生的两极分化现象出现在分配领域，结果收入分配贫富不均，进而影响经济增长。如果以日本和韩国为例，这些成功跨越中等收入陷阱国家的政府都比较重视收入分配公平问题，并在市场机制发生失灵的情况下实施合理政策加以矫正，较好解决了收入分配领域出现的问题，促进了经济的持续健康成长，最终成功跨越了中等收入陷阱。

三、完善收入分配的理论与策略

收入分配问题对于中国经济持续稳定增长和顺利跨越中等收入陷阱同样具有重要意义，中国必须重视当前分配领域存在的较大收入差距问题，积极寻找合适解决思路、以合理政策措施应对收入分配领域出现的问题，最终消除收入分配问题对于经济增长的影响，促进经济持续稳定发展，进而顺利跨越中等收入陷阱。

（一）完善收入分配问题思路与理论依据

中国解决收入分配领域问题需要抓住现象产生的实质，以合理的思路，遵循正确的理论，循序渐进解决发展中的问题。

1. 完善收入分配问题思路

解决中国收入分配领域的问题需要标本兼治，因此，必须针对导致问题出现的原因坚持适当应对思路。

第一，确定解决收入分配问题的主要原则。解决中国收入分配领域问题要与时俱进，公平与效率兼顾，更加注重公平。过去由于长期实行计划经济，中国在收入分配领域存在严重的大锅饭现象，其后为了激发劳动者的积极性与主动性，国家开始注重效率问题，提倡多劳多得。经过一段时间，分配领域开始出现贫富差距加大现象，中国开始认识到公平分配问题，提出效率优先、兼顾公平。当前，中国既要激发各方面积极性又要重视已经出现的贫富差距加大现象，必须合理应对效率与公平问题，增加国民收入总量的同时又要进行合理分配，在按劳分配为主基础上多种要素参与收入分配。以基本全要素增长模型为例，经济增长对应资本、劳动、技术三个要素，当前中国及世界主要国家的国民收入都是以劳动来源为主，如果劳动的报酬率低于资本的报酬率，结果必然是贫富差距扩大、财富更加集中，因此，消除收入分配领域贫富分化问题的必然路径就是提高劳动报酬率。

第二，解决分配领域问题要有科学理论依据。中国经济发展情况目前只处于世界中等水平，由于经济水平的限制，人均收入水平在世界总体排名必然不是很高，结合在快速发展中的结构问题，导致中国的收入分配领域积累了较多矛盾，基尼系数长期高于 0.4 的国际警戒线。解决收入分配领域的问题刻不容缓，更要注重长远发展，前瞻性考虑解决问题的方法，这就要借鉴世界的先进经验特别是跨越中等收入陷阱国家的经验，根据科学的理论指导寻找解决问题的办法。

2. 完善收入分配问题理论依据

完善中国当前收入分配领域的问题，既要科学认识当前发展的阶段，又要合理认清当前的主要问题，运用正确理论指导解决问题的实践。

第一，收入分配与经济增长相联系。从发展阶段角度看，解决收入分配问题要注重库兹涅茨倒 U 形曲线的经济意义，提高收入分配水平需要更强大的经济实力。库兹涅茨倒 U 形曲线主要说明人均收入水平与经济发展情况的关系，曲线横轴代表一个国家的人均收入水平，纵轴通常表示收入分配情况，例如以基尼系数表示，在此坐标上整个国家收入变化曲线呈倒 U 形分布。这一曲线轨迹表明在经济发展过程中，开始时人均国民收入在较低水平上升到中等收入水平的阶段收入分配情况逐步趋于恶化，随着经济进一步发展和人均收入水平继续提高，收入分配情况逐步改善，伴随不断发展最后达到比较公平的情况。中国目前已经达到高中等收入水平，根据库兹涅茨倒 U 形曲线正是基尼系数较高水平开始进入下降的阶段，收入分配与经济增长高度正相关，提高人均收入水平需要更强的经济实力与长期的稳定增长。

第二，收入分配与社会问题相联系。从经济结构角度看，在中国现今发展阶段，合理解决收入分配问题必须消除二元经济结构，促进农业与工业、农村与城市同步发展。经济学家刘易斯在《劳动无限供给条件下的经济发展》中阐述了发展中国家的二元经济结构问题，由于农业生产效率低下，使得农村存在大量剩余人口，并且收入水平相比于城市工业劳动者差距较大，这样农业与工业、农村与城市呈现二元经济结构，造成城乡之间、工农之间差距严重，不平衡严重阻碍了经济增长。中国目前城镇化水平存在较大发展空间，农业收入水平和生产效率还与工业存在较大差距，具有典型的二元经济结构特征。因此，当前转移农业劳动人口实现工业化，提高城市化率，消除二元经济结构现象是经济持续稳定增长、收入分配更加合理的重要现实问题。

第三，收入分配与发展效率相联系。合理解决收入分配问题需要政府进行宏观调控，进行以人为本的收入分配制度改革，促进消除贫富不均的现象。传统经济学理论认为竞争有利于经济的增长和效率的提高，福利经济学收入分配理论则对此进行了修正，更加关注经济发展与社会公平的联系。关于效率与公平的问题，多数收入分配理论开始认为需要效率与公平兼顾，这样才能达到全社会整体福利最大。根据帕累托最优原则，不公平的收入分配达不到全社会利益最大化，可以通过帕累托改进使得社会经济效率更高。因此，解决收入分配问题，在市场起决定作用的基础上，政府要发挥重要应有作用，通过宏观调控解决市场失灵问题，保持收入公平与效率兼顾，以乘法型社会福利函数、罗尔斯型社会福利函数取代加法型社会福利函数，实现经济持续稳定发展，社会分配公平合理。

（二）完善收入分配策略

完善收入分配问题，需要政府总体统筹兼顾，参与收入分配的各个主体在效率与公平并重的情况下进行国民收入合理分配。

第一，政府发挥应有的重要作用，合理规范收入分配格局。合理解决收入分配领域问题需要效率与公平兼顾，应对这一问题需要多方积极努力。市场竞争优点是市场机制促进效率提高，负面问题是市场失灵与两极分化，因此政府要发挥应有的重要作用，合理规范收入分配格局，制定合理收入分配政策是政府必要的经济管理职能。

第二，参与收入分配的主体要发挥生产活力，构建多劳多得收入分配模式。马克思主义论述收入分配是社会再生产的重要环节之一，收入分配的数量与结构取决于生产的数量与结构。因此，促进社会共同富裕必须加强社会生产，尽可能多地创造社会财富。政府在给予收入分配合理政策与必要保障情况下，必须激发收入分配主体发挥生产活力，构建多劳多得收入分配模式。劳动、资本、管理、技术、信息、数据等经济资源可以极大促进社会生产力的提高，各种经济资源按照自身贡献获得应有报酬是经济增长的需要，也是合理分配的需要。

第三，加强收入分配制度建设，完善收入合理分配长效机制。收入分配是社会再生产的必要环节，贯穿于社会再生产始终，为了确保经济主体长期积极参与社会经济建设，必须给予确定的心理预期。新制度经济学认为，制度是经济发展的基石，加强收入分配制度建设，完善收入合理分配长效机制是中国解决收入分配问题的重要措施。

第四，加强法律法规建设，重视保障收入合理分配。收入分配事关各个经济主体的自身经济利益，市场经济体制下各方面必定加强竞争以谋求自身利益最大化，竞争机制与利益机制的作用会促使市场机制负面作用显现。为了促进收入分配领域具有规范秩序，必须既要保证市场竞争的活力，又要保障收入分配领域合理规范。中国完善收入分配必须加强法律法规建设，重视保障收入合理分配。合理的分配秩序能够促进社会再生产顺利进行，为经济增长提供重要动力，进而使得中国顺利跨越中等收入陷阱。

第九章　加强创新提升国际产业地位

——产业合理化与高度化的路径选择

中国成功跨越中等收入陷阱的关键所在是提升自身的经济实力，通过持续稳定经济增长加强自身综合国力和提高人均收入水平。国家的生产能力和水平与国家经济发展程度高度正相关，跨越中等收入陷阱不仅要求本国自身发展情况不断取得进步，同时根据相对发展理论还要达到国际产业链更高位置才能实现发展水平的赶超。在此过程中，生产能力和水平的重要基础就是产业发展，产业合理化与高度化可以提升中国在国际产业链的地位和获得更多经济利益与更大国际影响力，科技创新是完成目标的重要手段。产业发展，就是把科技创新成果运用到实体经济当中，必将促进经济的持续有效增长。

一、中国产业发展概况

中国经过几十年特别是改革开放以后的快速发展，生产水平纵向对比本国的起步阶段有了飞速发展，取得了令人瞩目的成绩，但是通过横向对比发达国家代表的世界总体先进水平，中国产业发展情况存在着一定差距，跨越中等收入陷阱过程还需更加努力。

（一）中国产业发展成绩

中国作为后发国家经济发展迅速，一直在尽力缩小与世界先进水平的差距，通过几十年特别是改革开放以来的快速追赶，产业发展已经比新中国成立时有了较大的进步。

第一，现代产业部门快速发展带动经济实力不断增强。新中国刚刚成立时是一个贫穷的农业国，经济发展处于世界落后水平。经过长期发展，目前中国工业与服务业发展迅速，已经占据国民经济的较大份额，同时，整体经济实力增强，经济总量跃居世界第二位，人均收入在 2010 年达到高中等收入水平。

第二，经济结构持续优化，产业结构日趋合理。中国在发展过程中经济结构持续优化，投资、消费与进出口比例逐步根据自身的情况变得更加合理，对外贸易依存度开始变小，在 1997 年亚洲金融危机与 2008 年国际金融危机中依靠投资、消费等自身发展进行正确应对，把负面影响减少到最小情况下继续顺利发展。同时，产业结构也日趋合理，农业占据比重逐步减小，第二、第三产业的产值与就业人口开始不断上升，经济发展更加成熟。城镇化水平不断提升，2011 年开始城镇人口首次超过农村人口数量。

第三，工业稳步发展，具备了强大的工业生产能力。中国在产业发展过程中，工业发展一直受到各方面的重视，工业水平从世界落后水平逐步追赶，多个方面已经达到世界先进水平，成长为世界最大的工业生产国，经济总量达到世界第二位。中国的经济总量主要是依靠强大的工业生产能力支撑的，工业生产为经济发展作出了重大贡献。作为世界第一的制造大国和出口大国，中国的工业生产能力在世界上占据重要地位，是世界上唯一具有全部工业生产门类的国家。

第四，服务业发展迅速，逐步显现强劲发展趋势。根据配第—克拉克定理，在经济取得不断发展的过程中，第三产业在国民经济中的比重不断发展壮大，现代经济体中服务业的比重将要超过工业与农业。中国在推进工业化快速发展过程中工业产值与就业比重不断加大，服务业同样相应取得迅速发展，比重不断增加，在国民经济中第三产业地位已经与第二产业同样重要，发展势头强劲。

第五，更加重视产业科技含量，开始实施创新驱动发展。中国在发展过程中，经济起飞阶段主要依靠资源投入作为重要发展动力，外延式发展情况比较普遍。当前达到一定水平情况下，中国开始更加重视科技在社会生产中的地位，开始重视科技含量，高科技产业更加受到扶持，生产高附加值产业普遍受到青睐，国家整体层面更加关注实施创新驱动发展战略。

（二）中国产业发展问题

中国作为后发国家在快速发展的过程中取得了重要的经济成就，但是与此同时也积累了一些问题亟须解决。

第一，产业结构情况相比于国际先进水平还有较大提升空间。中国各个产业发展迅速，为国家经济发展作出了重要贡献，特别是工业生产能力不断增强，已经成为世界第一生产大国和出口大国。但是相比于国际先进水平，中国的产业结构还有较大提升空间，农业产值与劳动占用方面还有较大改进余地，工业生产水平还可以向更高水平提升，服务业发展还需进一步加强，从而提高在国民经济中的比重。

　　如图 9 - 1 所示，中国三次产业发展情况与世界发达国家相比还有一定差距，特别是根据配第—克拉克定理描述，中国的第三产业比重超过第二产业不多，与先进水平更有较大差距。产业发展程度是由产业特性客观决定的，第三产业的收入需求特性较大，更高的经济发展水平需要更加相对合理的三次产业结构。

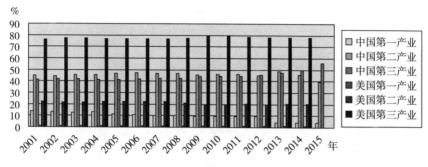

图 9 - 1　中美三次产业发展情况对比

（数据来源：国家统计局）

　　第二，需要提高集约式发展水平与能力。中国过去的产业发展成绩是通过较高的资源投入取得的，投入产出比例从经济效果看不够理想，缺乏经济性，主要依靠资源投入取得经济发展的模式已经不适应更高端的产业发展。因此，中国要继续取得持续稳定的经济发展成绩需要转变以往的发展方式，更加注重集约式发展，取得更好经济发展效益。

　　如图 9 - 2 所示，中国的千克石油当量 GDP 生产能力指标远低于美国的水平，即使相对于已突破中等收入陷阱的韩国也有明显的差距。高收入水平与高科技水平高度正相关，集约式发展应该成为中国经济增长的必然趋势，这也是中等收入国家赶超高收入国家的必由之路。

　　第三，高端制造与科技研发能力亟须进一步提高。中国虽然成为生产大国，但是尚未成为生产强国，高端产品生产能力不强，高附加值产品在商品总产量中比重不高。高端制造能力较弱反映了中国总体科研能力与世界先进水平相比尚有一定差距，对于高科技产业的引领能力亟须提高。

　　第四，总体处于世界产业价值链中低端。根据产量产值计算，中国目前处于世界产业链的中低端位置同样阻碍了本国经济增长。工业生产中，产业链中低端地位导致中国商品产量大但是经济效益低，高附加值都被发达国家和跨国企业获得，国际产业链中研发方面的大量经济效益都与中国无关，大量商品生产无法与专利收入相比，直接结果就是产量大、收益低。

服务业中金融等高端行业中国同样不具备强劲竞争能力，需要提高在国际产业链中的地位。

第五，工业化与城镇化发展不同步。中国跨越中等收入陷阱过程中的重要内容是工业化与城镇化，目前中国工业化与城镇化发展不够同步，扭曲了经济发展的内部结构，对于中国的经济发展同样产生阻碍作用。

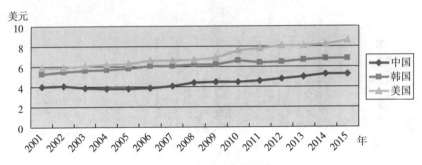

图9－2　千克石油当量生产力

（数据来源：世界银行）

如图9－3所示，中国近来三次产业发展过程中产值与就业人口各自比例逐步趋于合理，但是对比二者情况，人口比例落后于产值比例较大，对经济结构整体平衡产生较大影响。

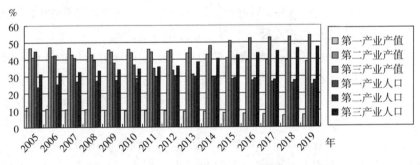

图9－3　中国近年三次产业产值与就业人口对比

（数据来源：国家统计局）

二、典型国家情况比较与借鉴

产业发展对于一个经济体的持续稳定增长具有重要意义，成功跨越与长期陷入中等收入陷阱的国家在正反两面都有宝贵经验供中国借鉴。

（一）典型国家情况比较

成功跨越与长期陷入中等收入陷阱的国家在经济发展过程中都曾经面临产业发展战略选择问题。合理应对战略发展选择问题的国家可以做到国家发展主导产业与产业结构不断优化升级，从而带动国家经济增长稳步上行，在中等收入阶段经济增长率基本没有大的衰减，最终顺利跨越中等收入陷阱进入高收入国家行列。长期陷入中等收入陷阱的国家通常由于自身战略选择问题导致产业发展不够理想，没有能力推动本国在国际产业链中不断向上攀升，最终长期经济增长没有大的突破，逐步落入中等收入陷阱不能自拔。

日本在跨越中等收入陷阱过程中主要采取渐进合理的产业发展战略，最终实现稳定向上的经济增长。发展初期日本根据本国情况以发展轻工业为主，并且不断扩大对外贸易，在夯实经济基础以后开始大力发展机械制造、钢铁石化等重工业，同时加大本国产业科技含量，一举成为汽车制造、机械电子等领域的世界级强国，顺利进入高收入发达国家行列。韩国经济起飞相比于日本略晚，同样是通过合理转型产业发展顺利跨越中等收入陷阱的典型国家。在发展初期韩国从世界中低端产业发展入手，主要以劳动密集型产业积累最初的发展资本，在取得一定经济基础之后，韩国高度重视科技在经济发展中的重要作用，通过模仿创新到自主创新，不断提升主导产业的科技含量，在国际高端制造业一直占据重要位置，最终成功跨越中等收入陷阱。

长期陷入中等收入陷阱的国家在发展过程中都出现了各种各样的问题导致经济增长乏力，最终落入中等收入陷阱。阿根廷经济发展水平在 20 世纪前期并不落后于日韩，并且由于没有受到战争的影响基本状况甚至好于成功跨越中等收入陷阱的日韩等东亚经济体。但是阿根廷由于长期实施进口替代战略，完成经济发展起飞的初步阶段后，既不重视产业升级，又不考虑科技创新，长期依赖国外资本技术等资源最终一直停留在国际产业链中低端，发展停滞不可避免落入中等收入陷阱。巴西同样是发展不成功的代表，没有能够形成支撑本国发展的高科技主导产业吸纳人口带动发展，并且与产业发展不相匹配的畸高城市化率导致工业化与城镇化发展进程扭曲，最终促使经济结构严重畸形，长期陷入中等收入陷阱无法进入高收入国家行列。

（二）启示与借鉴

通过比较成功跨越与长期陷入中等收入陷阱国家的产业发展途径，可以为中国的经济增长提供重要启示，为中国跨越中等收入陷阱起到借鉴作用。

第一，根据国家经济发展情况不断进行产业升级争取更高增长。成功跨越中等收入陷阱的国家同样是从贫穷落后的状态开始经济起飞的，在发展过程中，成功跨越中等收入陷阱的国家通常在本国经济发展到一定程度后，都会根据国际国内的发展情况调整自身发展战略，把本国的主导发展产业向科技含量高、市场需求多、发展前景大、经济效益好的朝阳产业提升。这样，通过不断在国际先进水平竞争中提高自身生产能力，占据重要地位，保持国民经济持续快速发展。

第二，通过科技创新引导产业发展。比较成功跨越与长期陷入中等收入陷阱国家正反两个方面经验，可以看出通过科技创新引导产业发展在经济增长过程中具有重要意义。产业发展对于经济增长的促进作用需要更加合理的产业结构和更加高的产业水平，因此，在中国跨越中等收入陷阱的过程中，产业发展必须以科技创新为动力，不断提升科技含量是完成产业发展目标的关键所在。

第三，学习世界先进经验不断主动提升在国际产业链中的地位。通过比较成功跨越与长期陷入中等收入陷阱国家发展途径可以看出，这两类国家在发展初期经济发展轨迹没有其后显示的那样差距巨大，基本都是通过增强工业生产能力获得快速发展，取得了一定阶段的较快增长，反映出这两类国家的差距是在达到一定的经济水平后，成功跨越中等收入陷阱国家根据现实发展情况，不断主动适应国际发展潮流调整自身主导产业，通过主动进行产业升级获得更大发展和更高经济效益，不断提升在国际产业链中地位最终跨越中等收入陷阱。那些长期陷入中等收入陷阱国家通常满足于当时的经济发展状况，没有主动转换经济发展模式，逐渐在国际产业链中下滑，最终陷入中等收入陷阱难以自拔。

三、产业结构优化升级：发挥资源相对优势与合理实施创新发展

从产业角度来看成功跨越中等收入陷阱进入高收入国家行列就是到达国际产业链的高端位置，通过获取更多产品高附加值推动经济效益不断提

高，促进本国经济稳定增长实现发展目标。① 发展高端产业，需要在现实基础上进行产业结构优化，这是逐步渐进的过程，产业合理化与高度化是两个互相联系互相促进的方面。

（一）产业结构优化：合理化与高度化

产业合理化与产业高度化是产业发展的两个重要方面，二者是紧密联系与互相促进的，二者共同提高促进了国家产业优化升级。

1. 产业结构优化升级内涵

产业结构优化是指通过具体产业调整，促使各个产业之间协调发展，在满足社会不断增长需求过程中实现合理化和高度化。遵循产业技术与经济效果的客观关系，依据再生产过程中各种需求比例，促进国民经济各个产业协调发展，使得各个产业发展与整个国民经济发展相适应。根据产业结构演化规律，需要通过技术进步促进产业结构整体素质和效率向更高层次不断演进，借助政府产业政策推进动态调整，影响产业构成的供给结构和需求结构，实现资源优化配置，推进产业结构不断合理化和高度化。产业结构升级是指产业结构从低级形态向高级形态转变的过程，主要原因是资源配置比较优势变化和技术进步。资源与技术条件在逐步发展过程中达到新的配置条件，就会促进更加先进的生产方式出现，实现产业结构的升级。

产业合理化是指在现有科学技术水平基础上，国家总体层面各个产业协调发展，达到产业之间比例科学合理。这种协调与合理是产业发展深层次的问题，包括了各个产业生产规模比例协调、产业关联程度合理、总体产值结构合理、生产技术结构匹配、资产结构分配平衡、经济资源结构合理等多种重要方面的深层次配合，其结果就是在自身发展的基础上同时取得结构性经济效益，从国家层面获得经济实力的提升。

产业高度化是指产业结构从低级向高级、从低水平向高水平的发展，这种产业发展是以科学技术提高作为基础，必须遵循经济发展的客观规律。根据配第—克拉克定理、库兹涅茨法则及霍夫曼定理等有关产业发展论述，产业的变迁必须要从第一产业、第二产业、第三产业逐渐过渡发展，科技含量逐步提高，从刚开始的劳动密集型向资本密集型以及技术密集型产业发展，国际经贸合作也会从初级产品出口到进口替代、出口导向等模式发

①　肖兴志. 产业经济学［M］. 北京：中国人民大学出版社，2012：9－21.

展，进入国际高端领域还需要达到世界科技创新强国水平。

产业合理化与产业高度化是互相渗透、互相促进的。产业合理化是产业高度化的基础，如果没有合理布局的产业结构，就会影响科技创新能力，并且高端的科学技术难以有发挥经济效益的土壤，因此产业高度化必须有适当的产业合理化作为发展的基础。产业高度化是产业合理化的目标，经济发展是逐步上升的过程，随着经济发展与科技进步，产业结构也是不断发展的，旧的结构慢慢被淘汰，先进的技术与结构由于会带来更高的生产力而被接受。

2. 产业发展动力机制：科技创新

产业结构优化升级包括产业的合理化与高度化，推动完成产业发生质变的关键动力机制就是科技创新。决定国家经济水平的重要基础与标志是国家主导产业的发展水平，主导产业是国家总体经济的代表。科学技术水平决定了国家主导产业的形成，进而促使国家经济水平达到与之相匹配的发展阶段，同时，主导产业通过带动与扩散效应促进相关产业发展，决定一定时期国家的总体发展水平与经济实力。科学技术的发展与变革导致科技革命，新的生产力水平又会导致主导产业部门更替，产生强劲生产需求，进而推动产业合理化与产业高度化。

科技创新决定产业发展，带动国民经济的发展不断向更高水平进步。经济发展水平是由产业发展水平决定的，因为决定经济发展的各种经济资源如劳动、资金、技术等配置情况反映产业发展状况，主导产业的发展是经济增长的根本源泉。经济增长依赖于产业结构不断向上发展，主导产业的更替是经济发展的主导力量，科技水平提高越快，产业变换越快，经济增长的速度通常越快。中共十八大提出："实施创新驱动发展战略。科技创新是提高社会生产力和综合国力的战略支撑，必须摆在国家发展全局的核心位置。要坚持走中国特色自主创新道路，以全球视野谋划和推动创新，提高原始创新、集成创新和引进消化吸收再创新能力，更加注重协同创新。深化科技体制改革，推动科技和经济紧密结合，加快建设国家创新体系，着力构建以企业为主体、市场为导向、产学研相结合的技术创新体系。"

（二）发挥资源优势与促进创新发展

产业发展需要国家科技水平不断提高加以推动，同时需要国家资源禀赋配置与产业发展水平适应，这样产业结构才能逐步优化升级。

1. 产业发展与资源相对优势

在经济发展过程中，产业的合理化与高度化推动国家整体产业水平不断提高，与之相对应的结果就是国际产业地位与国家经济效益的相应提升。因此，追求产业结构与水平的发展是国家发展战略的重要组成部分，合理的产业发展策略需要与本国资源禀赋相适应。

产业发展从供给角度来看需要投入土地、资本、劳动、技术、管理与制度等多方面资源，通过资源的合理配置提高生产效率，获得更高经济效益，进而依靠在国际产业链地位上升提高国家相对收入水平。研发水平决定国家科技含量，资源配置情况决定国家的产业路径与生产能力，科学产业发展应该与本国资源拥有状况相适应，发挥国家现有资源相对优势，这样产业发展路径可以达到经济效益最大化。

新中国成立伊始，中国经济发展情况处于全球相对最低水平层次。这一时期中国基本经济资源中劳动力是具有相对优势的，资金技术等方面都处于非常短缺的状态，按照发挥相对优势资源策略，这一时期中国应该大力发展劳动密集型产业，通过自身劳动资源优势推动经济发展。但是当时中国出于国际政治环境的考虑，优先发展属于资金密集型的重化工业，从经济角度看扭曲了资源的合理配置，导致出现二元经济结构进一步恶化的现象，对经济发展产生负面影响。中国经过改革开放之后较快发展，特别是进入 21 世纪以来，经济实力有了明显提升，经济总量跃居世界第二，这时资本因素已经不是制约经济发展的主要方面。中国完整的工业生产体系已经基本形成，面临的主要问题是粗放型发展向集约型发展转变，这时科技创新成为继续发展的推动力量，因此创新发展战略提出通过加大研发投入增强科技资源供给成为发展的重要动力因素。

如图 9-4 所示，给出两种资源进行社会生产的配置情况。较高等产量曲线代表资源更高配置效率；在同一等产量曲线中资源配置效率相同，曲线各点代表不同的资源投入情况。如果资源 1 的拥有情况是有限的，那么获得更大产出要么是投入更多的资源 2，要么是提高资源配置效率。因此，通过图 9-4 说明，中国进行产业发展，需要发挥相对资源优势，在劳动资源充沛的情况下发展劳动密集型产业；通过不断发展形成产业积累后资本开始变得不再稀缺，这时应该产业升级发展资本密集型产业；当经济发展到相对较高程度后，资本、劳动供给不再是发展的约束，保持经济发展需要继续转变资源供给配置，加大科技研发投入提高科技水平促进经济持续增长。因此，中国产业发展的路径是根据经济发展水平拥有资源禀赋条件发挥相对优势提高经济增长效率。

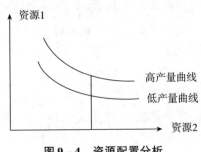

图 9 - 4　资源配置分析

2. 产业发展理论依据

新中国成立以来特别是开始实施改革开放后中国产业发展取得丰硕成果，但是由于理论与实践发展过程的波折，发展的进程不是一帆风顺的。促进国家产业合理发展，推动经济持续稳定增长，必须理论与实践相结合，保持持续稳定经济增长必须遵循客观经济发展规律，由此才能成功跨越中等收入陷阱。

马克思在《资本论》第二卷中就对社会再生产过程中产业发展问题做出了相应论述，认为：社会生产的第一部类与社会生产的第二部类要比例合理，并且在两个部类之中的生产比例也要达到平衡；同时，由于产业之间发展的客观规律，社会生产具有生产资料部门优先发展的特性。

配第—克拉克定理关于产业发展理论阐述。17 世纪英国古典经济学家配第已经开始认识到在经济发展的过程中，劳动就业情况随着收入的差异逐步向第二产业和第三产业转移，资源的转移导致了产业结构的变迁与经济的发展。配第通过研究认为工业产业的收入比农业收入多，商业收入比工业收入多，随着经济发展，产业的重点逐步从农业中转移出来，并且会进一步从有形财产的生产继续向无形的服务产业发展。导致产业变迁的因素是产业收益不同，工业收益高于农业收益时，产业必然由农业向工业转移；当经济结构继续演进，商业收益高于工业时，商业就会获得更大发展。这一经济规律被称为配第定理，是对产业发展较早的科学论述。配第定理提出了产业发展的规律，经过长期理论与实践的结合，经济学家克拉克补充发展了这一理论，现在称为配第—克拉克定理。克拉克在《经济进步的条件》一书中根据统计资料和理论研究进行了分析，认为随着经济发展和人均收入的增长，对于农业产品的需求逐步下降，对工业产品的需求逐渐增加；人均收入继续增长，对于工业产品相对需求也会出现下降，进而对于服务业的需求出现增长。配第—克拉克定理可以具体表述为：伴随经济发展和人均收入水平提高，劳动力在三次产业中的分布存在着一种客观的转移规律，当经济水平达到一定程度时劳动力会从第一产业向第二产业转移，工业在国民经济中比重渐渐加大；当人均收入水平进一步提高时，劳动力从第二产业向第三产业转移，第三产业在国民经济中的比重逐步增多，并且这一变迁过程是客观并不可逆转的。配第—克拉克定理是论述产业发展变迁的重要理论阐述。

库兹涅茨法则是对产业发展理论的进一步阐述和发展。库兹涅茨在其《国民收入及其构成》《现代经济增长》《各国的经济增长》等著作中利用统计学理论对于产业发展逐步做出了一系列论述，认为：伴随经济发展与收入提高，产业结构是不断变化的，三次产业的发展具有客观规律并且是一个有序的发展变迁过程，农业部门的收入占国民经济总体收入比重与农业部门劳动力占总劳动力的比重是逐步下降的；工业部门的收入占国民经济总体收入比重大体是上升的，工业部门劳动力占总劳动力的比重则大体不变或略有上升，在进一步发展的过程中会逐步有下降的趋势；服务部门收入占国民经济总体收入比重与服务部门劳动力占总劳动力的比重基本是上升的。并且，通过国家之间比较来看，越是不发达国家农业所占比重越大，发达国家则相反。库兹涅茨法则表明了产业结构与经济发展和收入水平之间具有高度相关性，是一种有序发展进程，支持了配第—克拉克定理的论述。

熊彼特技术创新理论。熊彼特在著作《经济发展理论》中明确提出了技术创新理论，认为创新是一种新的生产函数的建立，实现生产要素和生产条件一种从未有过的新结合，并将其引入生产体系。创新对于经济发展具有至关重要的意义，不仅仅是单纯的技术或工艺发明，并且是一种引入生产过程的机制，只有引入生产实际中的发现与发明并对原有生产体系产生震荡效应才是创新。因此"创新"不是一个技术概念，而是一个经济概念，严格区别于技术发明，是把现成的技术革新引入经济组织，形成新的生产能力，并且最终通过创新极大促进经济的发展。技术创新是推动新的科技应用于现实、创造新兴产业发展促进经济增长的重要动力。①

3. 中国产业创新发展策略

中国成功跨越中等收入陷阱、迈入高收入国家行列的必要条件是具有

① 熊彼特. 经济发展理论［M］. 北京：商务印书馆，1990.

与高收入水平相匹配的强大社会再生产能力，为此中国必须科学合理推动产业发展，做到产业合理化与高度化的平衡。

第一，进行科学规划推动产业合理化。中国占据世界经济总量第二地位，存量规模巨大，在促进经济增长的过程中必须进行科学总体规划，推动产业发展合理化。为此，中国要加快传统产业转型升级，推动战略性新兴产业健康发展，提高装备制造业生产水平，合理布局建设基础设施和基础产业。从国民经济总体发展比例角度来看，在保证农业基础产业地位和国家农业安全的基础上，提高农业科技含量和经济效益，降低农业就业人口和国民产值比例，遵循配第—克拉克定理与库兹涅茨法则的客观规律发展高效农业。工业化是中国发展的重中之重，必须与信息化相结合，在未来工业比重逐步下降基础上提升工业水平。服务业特别是现代服务业是未来发展的重点，中国必须提升服务业发展质量，增强服务业吸纳就业人口的能力，并且切实增加生产性服务业实力。

第二，加强科技创新促进产业高度化。中国发展的重要目标是进入发达国家行列，当前面临的重要问题就是尽快成功跨越中等收入陷阱使得人均收入达到世界银行划定的高收入国家水平。因此，中国必须促进产业高度化，向国际产业链高端攀升，科技创新是中国向上发展的必由之路。完成产业结构的优化升级，需要实施创新驱动战略，建设国家创新体系；实施科教兴国战略，发挥人力资源优势；改革经济领域体制机制，激发企业创造财富活力。同时，实现集约式发展，中国还需摒弃过去"三高两低"的发展模式，实施循环、低碳、绿色的发展道路。

第三，根据自身情况适时主动提升国际产业链地位。成功跨越中等收入陷阱迈入高收入国家行列既是加强自身发展实力的过程，也是与世界其他国家特别是发达国家比较之中不断追赶与超越的过程。因此，中国在夯实自身产业基础与经济实力的同时，以先进的科技水平为依托不断实现产业发展高科技化，主动提升中国在国际产业链中的地位，力争获得作为世界第一生产大国应得的高附加值，完成制造大国向创新大国的转变，通过获得超额经济利润促使中国成为世界银行划定的高收入国家。

第十章　合理应对经济全球化与政治复杂化

——积极参与国际经济与政治博弈

当前，世界经济联系紧密，闭关锁国的发展方式已经无法取得国民经济的持续稳定发展。在跨越中等收入陷阱的过程中，中国必须合理适应经济全球化的发展趋势以获得稳定中高速增长。同时，政治与经济不可分割，发展中需要认真应对政治形势对于经济增长的影响。

一、适应经济全球化提高国际经济地位

经济全球化是世界发展的趋势，对外贸易、技术交流、资本流动已经是各个经济体促进发展的基本要素，中国也不例外，成功跨越中等收入陷阱必须适应经济全球化的客观形势，努力提高国际经济地位，保持经济持续稳定增长。

（一）经济全球化对于跨越中等收入陷阱的影响

当今世界经济联系日趋紧密，中国跨越中等收入陷阱需要经济继续保持一定阶段的持续稳定中高速增长，发展过程中必须合理应对经济全球化对于中国的影响，兴利除弊，最终迈入高收入经济体行列。

经济全球化通常是指经济资源在全球范围内自由、全面流动，参与世界交流的各国经济更加紧密联系，各国经济与世界经济相互影响、相互促进。经济全球化突出表现为全球范围内社会生产力快速发展，由于科技革命引致的高新技术推动市场经济深化，国际分工促使经济发展突破国家界限，世界范围内各国经济交往不断深化，相互依赖增强。在经济全球化进程中，贸易自由化作为合作的先导，进而促使金融全球化、投资自由化及科学技术互相渗透，最终导致世界性生产一体化。经济全球化是人类社会发展过程中的必然趋势，是生产方式、生活方式、思维方式的历史性变革，对于包括中国在内的世界各个国家在经济基础、运行机制到宏观经济政策等方面都将带来重大影响。

经济全球化为中国的经济增长带来了前所未有的机遇，为中国成功跨越中等收入陷阱提供了众多发展条件。一是经济全球化为中国有效利用国

内国外两种资源提供有利条件。经济全球化实现了经济资源在世界范围内优化配置，促使世界各国紧密地联系在一起，作为全球经济组成部分的各个国家，都可以发挥自己的优势在全球化过程中获得自身发展。对于中国来说，巨大市场规模和劳动力相对成本等方面的优势进一步显现出来，有利于中国调整和优化产业结构，贸易和投资自由化有利于中国克服国内资源和市场的约束，有效利用国内国外两个市场、两种资源，在参与中发展壮大本国经济。二是经济全球化促进中国企业的发展，在"走出去"过程中与世界先进经济体充分竞争有利于中国企业实力逐步增强，能够直接获得最先进的技术和管理经验，刺激中国企业规模、实力和水平的发展，最终提升中国企业的竞争力与经济实力。例如，华为公司的成功发展与进入国际市场参与国际竞争密不可分。三是经济全球化有利于中国学习、引进和吸收发达国家的先进技术、资金及管理经验，为中国的持续经济增长提供便利。经济全球化的发展，为中国进一步吸收外资、引进国外先进的科学技术、管理经验提供更加广阔的空间，促进中国实现产业升级、技术进步、制度创新和经济发展，利用后发优势赶超工业化国家，缩小与发达国家的差距，实现经济跨越式发展。同时，经济全球化也促进其他国家市场更加开放，有利于中国利用国际市场，增加国际贸易，参与国际分工，享受经济全球化带来的直接好处。四是经济全球化促进世界范围内人才高效流动，对于中国引进人才、培养人才更加有利。当今世界最具有能动性的因素就是人力资源，创造性成为经济发展的核心动力。经济全球化同样将加速世界范围内的人力资本流动，中国快速发展的经济环境将对人才产生更大的吸引力，进而为经济发展注入更大的发展活力。

同时，经济全球化也为中国的经济增长带来了更加严峻的挑战，在中国跨越中等收入陷阱的过程中必须认真应对。一是经济全球化导致国际经济竞争加剧。经济全球化促进世界范围内各国经济高度关联，市场、资源、技术等方面总量不会发生改变，只是改变了资源的配置方式，世界各国对于自身经济利益的争夺必然从多方面增加竞争的强度，资源稀缺性促使各国不断提高自身发展水平借以获得优势地位，不断导致经济领域特别是高端经济领域竞争加剧。同样以华为公司为例，近年华为公司受到各种国际打压就是明显体现。二是经济全球化使得中国加强国家安全、抵御负面影响的成本提高，直接增加经济发展负担。经济全球化既带来机遇，又加剧了竞争，引起了经济增长的负效应。在中国努力获得发展的正面效应的同时，世界各国同样都希望获得经济全球化带来的经济利益，发达国家和跨国公司由于具有先发优势，为了继续获得和保持已有的经济利益必然利用自身优势采取各种措施，中国作为发展中国家必须做好应对这种外部冲击的准备。

图 10 - 1、图 10 - 2 反映了经济全球化对于世界各国发展的重要影响。

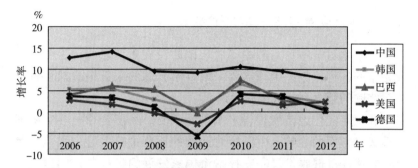

图 10 - 1 2008 年国际金融危机前后世界重要国家经济增长情况分析

（资料来源：国家统计局）

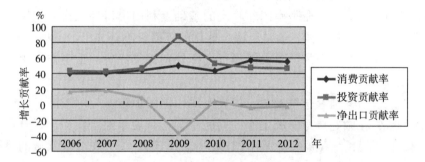

图 10 - 2 2008 年国际金融危机前后中国增长结构分析

（资料来源：国家统计局）

如图 10 - 1 所示，图中给出了 2008 年国际金融危机前后世界重要国家经济增长情况，图中五国是亚、欧、北美、拉美各洲重要国家代表，同时能够比较充分代表世界经济增长趋势。由图 10 - 1 可见，2008 年国际金融危机对于世界各地区、各国家经济发展都造成严重影响，2008 年和 2009 年受到冲击下滑趋势明显；特别需要注意的是 2010 年各国经济都有明显回升，这是由于各国应对危机采取宏观经济政策措施进行逆风向干预的结果。可见，在经济全球化的进程中各国都不能闭门造车，经济发展较多受到国际环境的影响，必须进行合理应对。

如图 10 - 2 所示，2008 年国际金融危机后中国经济增长情况虽然保持较高速度，但是增长结构出现明显变化，危机造成净出口大幅下降，保持增长的动力是政府安排的大量投资，投资对经济贡献率由前一阶段的50%左右迅速飙升到87%。可见，国际环境对于中国经济增长具有较大影响，保持持续稳定经济发展与成功跨越中等收入陷阱还需依靠增强自身增长潜力。

（二）中国应对经济全球化策略

经济全球化对于中国跨越中等收入陷阱具有重要影响，为了应对经济全球化带来的各种挑战，中国需要采取科学合理的政策措施抓住各种发展机遇，最终顺利迈入高收入国家行列。

第一，稳定实体经济发展，平衡国际收支。经济全球化会对中国的经济发展造成多方面的影响，中国应对问题的重要策略就是加强自身经济实力，促进实体经济健康发展。支撑一个国家发展的最终决定因素还是本国社会生产力，因此面对复杂的国际经济环境中国亟须做好的工作是发展实体经济，具有强大的生产能力，既会夯实中国自身发展的经济基础，又会加强外贸出口能力，在平衡国际收支的基础上利用出口外汇换取中国需要的高新技术、短缺资源，通过经济全球化的正面影响补充中国发展的短板，这样在强化自身实力的同时又能通过发挥外贸比较优势的重要作用为经济发展服务。

第二，增强国家金融实力，提高人民币国际地位。应对经济全球化的发展趋势，在做好自身发展工作的同时中国还需展示经济实力、提升世界影响力，人民币地位的变化是中国经济实力与综合国力在金融领域的重要晴雨表。经济全球化的重要表现就是金融全球化，在金融领域占有重要地位是取得经济全球化发展成果的关键，因此中国必须适应这一世界发展潮流，做好利率与汇率市场化工作，逐步推动人民币成为世界性货币，不再为发达国家交付铸币税，通过稳固人民币重要国际地位获得中国应得的经济利益。2015年12月1日人民币被IMF批准纳入SDR货币篮，并且于2016年10月1日正式实施，是中国经济发展史上的又一个历史性突破，为中国保持经济增长与提高国际经济影响力奠定重要基础。同时，人民币作为储备货币和结算货币的发展形势越来越好，成为提高国家影响力和国际地位的重要支撑。中国在跨越中等收入陷阱迈入高收入国家行列的过程中，必须实体经济发展与国际金融影响力同步提高，通过金融领域的竞争力获取实体领域产生的经济利润。

第三，加强科技创新能力，提高国家在世界产业链的相对地位。中国应对经济全球化的挑战，获取经济全球化带来的经济效益必须加强科技创新能力，提高国家在世界产业链的相对地位。发展经验表明，在世界经济联系更加紧密的同时，经济全球化产生的效益分配不是平均的，科技与经济发达的国家常常获得了经济全球化带来规模收益的较大部分。处于国际产业链高端的国家，通常付出较少的高新技术产品就可以等价交换相对不发达国家较多的初级出口产品，由此导致发达国家的生产效率与人均收入是交易对象的几倍或者几十倍，进而产生了人均收入的重要差异。因此，提高本国科技水平、提升产品科技含量是较快增加国民收入的重要手段，中国在跨越中等收入陷阱迈入高收入国家的过程中也必须适应经济发展的客观规律，提高国家整体科技水平、向国际产业链高端攀升是实现经济稳定增长的重要途径。

合理应对经济全球化的发展潮流是国家经济发展必须面临的重要课题，获得经济全球化的重要经济利益需要依靠国家自身的内在实力，加强社会生产力的同时还需提高国家的软实力，在科技、金融等重要领域有能力与世界先进国家平等竞争，奠定自身国际经济地位，这样才能进入国际先进国家行列成为世界银行划定的高收入经济体。

二、适应政治复杂化提高国际竞争力

世界政治与经济密切相连，经济发展不能完全与政治分离。中国作为当今世界第一人口大国，如果人均收入达到世界银行划定的高收入水平，经济总量将与美国相仿，对世界的经济与政治格局将产生重大影响，世界利益分配格局由此发生变化。因此，中国跨越中等收入陷阱的道路不会是一帆风顺的，必须努力加强自身内在实力，合理应对国际复杂政治局面。

（一）世界政治复杂化对于跨越中等收入陷阱的启示

中国的发展对于世界政治与经济格局的影响已经逐步显现，随着中国继续崛起这一影响将会更加显著。对此，世界各国出于自身利益考虑，必然会根据本国情况采取相应措施，这些策略对中国的反作用后果是复杂的，许多案例值得中国在跨越中等收入陷阱过程中加以借鉴。

第一，军备竞赛拖垮苏联。世界经济发展过程中，"三分之二现象"被国际社会给予重要关注，中国在跨越中等收入陷阱过程中需要倍加重视。第二世界大战之后世界形成以美苏两个超级大国为首的东西方政治阵营，苏联凭借坚实的重工业基础在军事和经济方面形成与美国相抗衡的重要力量，极大地牵制了美国在世界上的影响力与主导地位，削弱了美国获取政治与经济利益的能力。学术界认为，达到美国经济总量三分之二并且影响美国全球利益的国家都会遭到美国的多方面抑制，进而降低发展势头甚至走向下滑通道。苏联由于经济与军事的快速发展和强大实力遭到西方国家多方压制，最终由于军备竞赛等各种原因被拖垮国民经济，导致国内问题多发，进而走向衰落与解体的道路。苏联的解体导致世界出现单边超级大国的局面，以美国为首的西方国家获得了更多的经济与政治利益。

第二，"广场协议"重创日本经济。日本是西方阵营的重要成员，战后在美欧的帮助下迅速恢复了处于混乱之中的国民经济，在 20 世纪 80 年代已经成为世界第二大经济体，是高收入发达国家一员。但是在经济总量达到"三分之二现象"描述的阶段后同样受到不利国际环境的抑制，加之自身发展原因导致长期陷于停滞状态。"广场协议"被认为是导致日本经济出现衰退的重要原因。始于 20 世纪 70 年代的世界第二次石油危机促使世界各国能源价格大幅上升，美国同样遭受由此引起的物价飙升，出现严重通货膨胀问题，不得不通过大幅提高利率解决通胀问题。高利率导致大量资金流入美国，进而冲击美元汇率引起美国外贸逆差急剧扩大。为了解决国内经济问题，美国与西方主要国家于 1985 年 9 月签订"广场协议"，推动美元快速贬值，致使拥有大量美元债权的日本遭受重大经济损失。同时，日元汇率大幅走强又影响了日本的外贸出口，进而一系列连锁反应重创了日本的经济发展，使得日本的经济增长出现长期停滞。由于经济相对增速的差异，日本与美国不断拉近的经济总量开始恶化，同时由于中国长期接近两位数的经济增幅，使得日本 2010 年被中国赶超，成为世界第三（见图 10－3）。

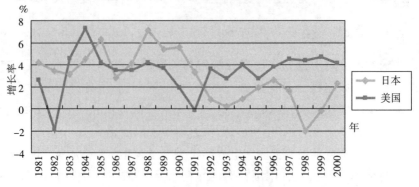

图 10－3　"广场协议"前后美日经济增长率对比

（资料来源：世界银行）

　　图10-3是"广场协议"前后美日经济增长率对比，日本在人为扭曲汇率进而发生连锁经济影响后，经济增长率明显下滑，发展趋于停滞，被称为"失去的二十年"，并且之后一直没有较大起色。

　　第三，2015年中国股市异常波动。中国在2010年进入高中等收入国家行列成为世界第二大经济体之后，经济增长率虽然有所下降但还是明显高于美国的经济增长幅度，因此不断缩小与美国的经济总量差距，按购买力平价计算，中国与美国的经济差距更加缩小。因此，中国已经处于需要高度关注世界对于本国发展进行抑制的阶段，必须采取前瞻措施应对潜在的发展风险。2014年以来，中国通过各项金融改革促进实体经济发展，加之充分治理金融发展环境，因此国内股票市场重新注入发展活力，在摆脱2008年国际金融危机以来低迷状态后开始强劲反弹，上证指数从阶段性低点1664点开始一直攀升到突破5000点，为实体经济提供极大支撑。由于中国股票市场发展时间较短，自身管理经验不足，2015年6月开始遭受国际资本等各种力量冲击，在经济发展形势没有明显变化的情况下短期内遭受重创，短短一个月左右时间急剧下跌30%左右，造成股票市场产生极大动荡，严重影响中国金融秩序与经济发展。在此情况下中国政府及时采取果断措施，多部门联合行动抑制国际做空势力对于国家经济的干扰，在进入高中等收入水平后第一次消除国际势力对于中国的冲击，取得阶段性胜利后也向世界表明了中国维护经济发展的坚强决心（见图10-4）。

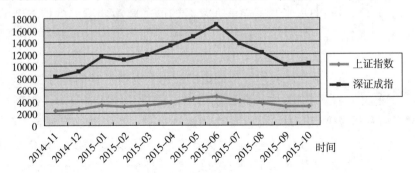

图10-4　中国股市波动情况分析

（资料来源：中国证监会）

　　图10-4反映了2015年中国股市剧烈波动情况，形势严峻，后果严重。股市急剧下挫，剧烈波动虽然有中国股市发展不够成熟的因素，但是国内外政治经济因素起到重要的推波助澜作用，其中月损失市值以十万亿元为单位，日损失市值以万亿元为单位。这种股市异常波动严重扰乱了金融市

场，冲击了实体经济，并且影响各方心理预期，对经济发展造成极大负面影响，导致政府不得不进行前所未有的干预行动。这种不可预测因素对于经济发展的冲击难以预期与量化，后果具有较大破坏力，因此，发展过程中必须重视政治复杂化对于经济发展的影响，未雨绸缪提高抵抗风险能力。

根据以上分析可见，世界上有影响力的大国经济快速崛起，必然极大地影响世界经济与政治格局，重新改变国际利益分配，导致世界其他重要国家根据自身情况采取相应符合本国利益的措施。世界各国追求自身经济与政治利益可以理解，通过经济和政治手段获得本国固有利益是包括中国在内世界各国的权益。正如市场经济发展中优胜劣汰一样，中国在发展过程中必须要加以正视，通过采取积极的政治与经济措施进行合理应对，并且尽可能科学前瞻主动化解潜在发展风险，把负面影响降到最低，确保经济增长成为国家发展核心目标，力争早日顺利跨越中等收入陷阱成功迈入高收入经济体的行列。

（二）中国应对政治复杂化策略

面对发展过程中不确定性复杂国际政治因素，中国必须主动采取积极措施加以应对，克服困难，最终稳定经济发展顺利跨越中等收入陷阱。

第一，增强自身实力是应对困境、发展经济的关键。应对复杂局面跨越中等收入陷阱必须依靠自身综合发展实力，只要本国综合实力达到完全可以抵御外部风险的水平，就能够在复杂的国际政治环境中维护本国的经济利益。因此，首先加强中国科技实力，通过创新提升自身科技水平，在国际产业竞争中处于主动地位。其次加强中国金融实力，提高中国货币国际地位，增强防范金融风险和外部冲击的能力，保持稳定的金融发展环境。最后加强本国高端制造能力，提升本国产品质量与国际竞争力，高新产品领域必须有相应生产能力才能保证产品生产水平；加强国家宏观调控能力，面对错综复杂形势政府必须具有应对突发事件的正确决策能力，这样在国际形势不断变化情况下能够稳定自身政治与经济环境，为发展获得必要空间。另外加强人力资源建设，打造各种高素质人才队伍应对当前复杂政治经济局面。同时，中国还应相应提高军事实力，为国家发展提供重要安全保证。

第二，采取合作与博弈的策略应对国际复杂政治经济形势。应对复杂国家政治经济局势中国必须根据自身实际情况合理定位，采取积极稳妥的合作与博弈并举措施，尽量化解对抗实现多赢。首先，在国际交往中采取合作共赢战略举措。斯密在《国富论》中提出分工合作对于经济发展具有重要促进作用，这一理论指导了各国长期以来的经济发展。当前各国虽然具体国情不同，但是发展是各国共同关心的问题，因此，只要寻找到国家之间具有共同关心的利益就可以尽量消除分歧，促进多边共赢。其次，国际交往之中存在竞争情况不可避免，在涉及国家核心利益的问题上必须大力维护国家应得利益与发展前途，对于复杂问题采取博弈策略，力争用博弈手段获取解决问题的合理途径。

第三，积极实施"走出去"战略，扩大中国的国际影响力与公信力。在复杂国际环境中，除了努力增长自身实力外，中国还需要实施"走出去"战略，扩大本国的国际影响力与公信力。中国经济不断稳步发展，经济总量已经跃居世界第二，出口与制造已经是世界第一大国，政治经济实力和影响力与日俱增，发展的策略也要跟随自身情况加以适当调整。过去中国是世界的人口大国与落后穷国，经济发展往往处于追随境地，如今国家经济实力与政治影响力已经得到世界认可，在发展中亟须实施"走出去"对外发展战略，通过在世界范围内投资并购等方式与其他国家实现合作共赢，共同的经济发展利益自然获得世界多数国家的认可，最终大大缓解复杂政治形势，得到多方政治支持。同时，对外发展中，不能仅仅局限于短期经济利益，需要具有长远发展眼光，努力树立中国的正面国际形象与公信力，取得长远发展效益。因此，在对外贸易、投资、劳务与技术合作等多重对外经济往来中既要考虑投入产出比，又要考虑合作过程中的政治因素，长期稳定的政治发展条件可以充分化解国外的风险因素，最终取得政治与经济的长远双重效益。

第四篇

跨越中等收入陷阱的进程与风险分析

第十一章　经济增长稳态与跨越中等收入陷阱进程

面对"两个百年"国家发展目标，跨越中等收入陷阱是中国当前发展工作的重中之重，成功跨越中等收入陷阱进入高收入国家行列是中国重塑辉煌的重要里程碑。根据当前中国经济增长情况与国家发展策略目标，在2019 年人均 GDP 达到 1 万美元后，目前成为成功跨越中等收入陷阱关键时段。

一、经济发展新常态与潜在经济增长率

中国经过几十年的高速发展，在经济实力大幅提高基础上，目前经济发展需要更加注重质量。新常态是中国经济增长的客观现实，增长率将由高速发展转向中高速增长。①②

（一）中国经济发展新常态

当前中国经济增速已经由高速增长转向中高速增长，进入新常态发展。新常态不同于以往的增长情况，既是新的发展，又是需要保持一段时间的常态。

第一，新常态下增长速度换挡。经济发展新常态需要中国经济增速由高速增长转为中高速增长，在一定时期内稳定维持在 6% 至 7%。过去中国经济发展成果举世瞩目，成为高速增长的典范，但是过快经济增长速度也存在相应的发展问题。高速度、高消耗的发展方式具有不可持续性，中国过度依靠经济资源投入的增长方式已经不能匹配当前经济发展要求，新常态下要求稳定经济增长的同时合理调整经济结构、注重经济增长质量，因此在保持经济稳定发展的同时，适当调整经济增长速度，由高速增长转为中高速增长，既要适当调整结构、追求效益，又要不影响国家发展进程，有利于顺利跨越中等收入陷阱。③

---

① 林毅夫. 解读中国经济 ［M］. 北京：北京大学出版社，2014：1 – 21.
② 中国国际经济交流中心. 中国经济分析与展望（2014—2015）［M］. 北京：社会科学文献出版社，2015：3 – 41.
③ 李扬，张晓晶. 论新常态 ［M］. 北京：人民出版社，2015：94 – 111.

第二，新常态下发展方式转变。经济发展新常态要求中国彻底转变经济发展方式，彻底摒弃过去"三高两低"经济增长方式，从粗放型增长转变为集约式增长。中国过去经济增长过度依靠上项目、铺摊子来拉动发展，大量消耗经济资源，取得相应成绩情况下浪费现象严重，对于可持续发展能力造成较大伤害。在新常态下中国必须转变经济发展方式，注重集约式增长，更加重视经济发展的效益，依靠科技进步、创新驱动发展，实现经济增长的可持续性与高效集约。①

第三，新常态下经济结构调整。经济发展新常态要求中国经济结构更加合理，更加注重经济增长效益。改革开放后中国经济发展速度较快，但是过度追求经济增长速度与经济产出，导致中国经济结构出现一些不合理隐患。国际传统产业链中低端产业比重较大，中端产业发展不足，高端产业由于科技创新能力不强导致竞争力不足。虽然中国部分产业已经到达世界先进水平，但总体上仍然处于国际产业链中低端水平，获得高附加值与高经济效益的能力不强，中国是制造大国与出口大国，但是获得经济利益比重远远低于本国总体产量。因此，中国必须调整产业结构，实现优化升级，加快传统产业转型升级，推动战略性新兴产业健康发展，提高装备制造业生产水平，合理布局建设基础设施和基础产业，实现循环、低碳、绿色的新型工业化。

第四，新常态下增长动力转换。经济发展新常态要求中国实现经济发展的全面优化，动力机制彻底转换升级，推动经济增长的核心实现合理转换。过去驱动中国经济增长的"三驾马车"中推动发展的动力相对不够合理，国内增长过度依靠投资，在经济出现问题时往往政府作用强于市场作用，依靠大量财政投资特别是对于基础设施建设来扭转经济发展的不利局面，虽然短时期内取得了一定的经济效果，但是从长远来看，周期性波动对于国家经济增长质量没有较大促进作用。过去中国还存在外贸依存度过大的情况，导致世界发生经济危机时，对中国经济冲击较大，造成经济发展存在较大波动性，不得不依靠国内投资抵销负面影响。新常态下经济发展要合理调节"三驾马车"的比例关系，注重发展质量，依靠科技创新、消费需求等新动力推动经济持续稳定增长。②

---

① 中国社会科学院经济学部．解读中国经济新常态［M］．北京：社会科学文献出版社，2015：111.

② 李扬，张晓晶．论新常态［M］．北京：人民出版社，2015：160－194.

第五，新常态下宏观政策稳定。市场经济体制是中国成功实现经济快速增长的保证，但是市场经济内在发展缺陷同样对于经济发展造成一定负面影响，因此在发挥市场配置资源决定性作用的同时，中国必须正确发挥政府的重要作用，充分注重宏观调控的合理功效。在宏观经济领域，国家政策具有指导经济正确前行的作用，因此，新常态下维持政府宏观经济政策的稳定，给予市场经济主体稳定的预期，可以激发各方的积极性与主动性，减少经济发展的波动性，推动国民经济保持长期稳定增长。

（二）潜在经济增长率分析

经济发展新常态表明中国经济增长继续进行优化转型，更加注重发展质量，不再过度单一看重经济增长率。新常态下，高速增长转为中高速增长，每年保持6%至7%的经济增长率既有利于调整结构、追求质量，又有利于防止经济下滑、影响跨越中等收入陷阱的进程。

中国当前保持6%至7%的经济增长率具有合理性。现今中国正处于实施创新驱动发展、深化经济结构改革的重要时期，经济增长的主要动力由大量经济资源投入转为依靠科技进步驱动，从全要素生产率理论来看，中国的经济增长过程中资本、劳动力等的贡献已经开始出现稳定的情况，增长的重要部分由科技进步提供。因此，中国的经济增长不能长期保持两位数的高增长率，注重经济发展质量必须调整经济增长速度，依靠过度投资与不计成本投入资源的高增长必须逐步被注重发展质量的增长方式取代。

中国经济发展新常态支持经济增长率保持在6%至7%的增幅，保持当前增长水平具有重要现实性。一是过去经济发展固有惯性对于当前经济发展的幅度具有支撑作用。过去中国各个方面投资继续发挥作用，对外出口维持一定规模，巨大人口基数产生各种需求同样对于经济发展具有巨大拉动作用，因此，在调整经济结构、促进经济健康发展的过程中，中国的经济增长率对比过去高消耗、高投入模式虽有下滑，但是经济发展的内在质量会支持中国经济保持中高速的增长幅度。二是中国经济实力不断增强、经济结构不断优化，政府对于经济发展的调控能力进一步增强，在改善经济增长质量的同时宏观经济管理职能要发挥重要作用，通过产业、财政、货币等宏观经济政策对国民经济进行合理规划与科学引导，促使经济增长保持在一个合适发展区间。三是科技进步因素支撑，人口增长和素质提高优化国家总体层面生产函数，包含更高科技水平经济总量提升潜在经济增长率。存量规模不变，增量质量提高，对于潜在经济增长率具有重要支撑作用。

总之，中国目前更加重视经济增长质量，大力推进集约式发展，国民经济增长不必长期保持超高发展速度；同样，为了实现国家发展战略，成功跨越中等收入陷阱，中国经济发展又需要保证一定的增幅。综合各种经济因素，当前6%至7%的增长幅度比较合适，各种经济数据也反映了这种发展态势，基本做到可能性与现实性相对统一。

二、跨越中等收入陷阱进程分析

通过对近期经济增长情况的判定，结合具体经济数据可以初步预测跨越中等收入陷阱进程。

（一）跨越中等收入陷阱进程分析思路

经济增长过程具有较大不确定性，进行经济增长分析的原则主要是从宏观方面对经济增长进行总体趋势分析，并且预先考虑影响经济增长的不确定性因素加入模型进行分析，最终尽量客观描述中国经济发展进程。[1][2][3]

第一，进行中国宏观情况总体分析。研究中国跨越中等收入陷阱进程主要考虑宏观经济总体发展情况，这样进行趋势分析过程中可以减少不重要变量的相互影响。同时，对于经济增长速度的测算具有多种方法，书中主要进行总体初步测算，研究重点在于根据分析结果提出发展的思路与办法。

第二，结合实际数据进行分析。对于中国跨越中等收入陷阱的分析完全是根据客观数据进行实际测算，同时考虑到经济数据的准确性与完整性，在说明问题的基础上尽量对计算模型加以简化，重点在保证正确性的同时保证客观性。

第三，以客观性为基础进行增长范围分析。经济增长本身具有较大的不确定性，因此在进行定量分析的基础上同时进行范围估算分析，对于经济增长情况重点计算出数量变化的范围，宏观经济具有的特征使得计算出经济增长变化范围的同时可以保证结论相对正确。

根据上述思考原则，可以建立分析模型进行跨越中等收入陷阱进程测

① 高铁梅. 计量经济分析方法与建模［M］. 北京：清华大学出版社，2009.
② 古扎拉蒂，波特. 计量经济学基础［M］. 北京：中国人民大学出版社，2011.
③ 赵国庆. 计量经济学［M］. 北京：中国人民大学出版社，2012.

算，考虑这一进程动态变化情况和风险性不确定因素，研究过程可以加入各种影响因子变量进行细化回归分析。

第一，进行绝对增长分析。通过对于中国经济增长历史数据进行回归分析，得出经济增长的初步情况，同时，利用可决系数进行可信度检验。

第二，加入相对指标进行比较分析。中国跨越中等收入陷阱的进程既是中国经济增长的过程，又是中国在世界各国相对位置的赶超过程。因此，分析中国经济增长情况的同时还要进行世界其他国家之间比较，参照目标就是世界银行划分高收入标准，进而得出中国相对位置变化情况结论。

第三，进行中美汇率变化趋势分析，把数据统一到同一可比参照系当中。中国国民经济核算都是以人民币计价，世界银行公布的各种经济数据都是以美元计价。因此，中美货币汇率变化也会影响中国跨越中等收入陷阱的名义进程，本书中最后加入对于这一比值的趋势分析，以求减少名义变量对于实际进程的影响。

(二) 跨越中等收入陷阱进程测算

根据建立分析模型的原则与思路，可以构建分析中国经济增长的模型，并且结合宏观经济数据计算中国跨越中等收入陷阱的大致进程。本书重点在于分析跨越中等收入陷阱理论，模型构建与数据分析主要用于提供研究问题思路。

中国跨越中等收入陷阱达到世界银行划定高收入标准，主要取决于三个重点因素：中国经济增长的绝对速度、世界银行高收入标准的变化情况以及中美货币汇率变化情况。如果中国经济增长速度快于世界银行收入标准变化，中国人均收入水平就会逐步接近高收入标准，持续一段时间之后二者相等时刻就是中国成功跨越中等收入陷阱迈入高收入国家行列的开端。同时，由于中国的经济增长以中国的人民币计价，世界银行的收入标准通常以美元计价，二者之间的变化情况同样会对中国的跨越进程造成时间上的影响。研究中国跨越中等收入陷阱问题可以归结为根据计量经济学原理对相关指标进行回归分析，得到当前数据的未来发展趋势。

以线性回归分析为例，用选定影响经济增长的因变量数据序列作为横轴，用近年中国年经济增长作为纵轴，通过线性回归方程可以计算得出中国经济增长率回归曲线，对未来经济增长率进行简要回归分析。

$$y_V = a + bx_T$$

设定线性回归方程后，代入近年相关经济数据，即可求出方程系数，对于当前以及今后一段时间的数值进行预估。

$$a = \bar{y} - b\bar{x}$$

$$b = \frac{n\sum_{i=1}^{n} x_i y_i - \sum_{i=1}^{n} x_i \sum y_i}{n\sum_{i=1}^{n} x_i^2 - \left(\sum_{i=1}^{n} x_i\right)^2}$$

计算出方程系数后，为了能够判断回归的可信性，可以计算可决系数 R^2 进行线性相关性检验。可决系数 R^2 表明这一回归方程能在多大程度上解释因变量的变化，数值区间可以由 0（表示求得的回归模型完全不能解释因变量的变化）到 1（表示求得的回归模型完全能够解释因变量的变化），由该数值判断系统风险大小。

$$R^2 = \left\{\frac{n\sum xy - \sum x \sum y}{\sqrt{\left[n\sum x^2 - \left(\sum x\right)^2\right]\left[n\sum y^2 - \left(\sum y\right)^2\right]}}\right\}^2$$

通过以上基础线性模型即可计算出中国经济增长的线性曲线，据此可以计算分析未来各个时间国民经济收入水平。

如果认为估计模型中影响经济增长因素不止一个，可以选取多个变量对经济增长情况进行多元线性回归，并且通过模型过滤回归分析过程中的干扰因素，基本可以得到近似实际的回归分析结论。例如，认为模型中有三个影响经济增长的变量，可以构建下列的基本模型：

$$y_V = a + bx_1 + cx_2 + dx_3 + \alpha$$

根据以上思路，结合当前实际数据可以回归分析未来人均收入情况，根据估算数据大致判断经济发展趋势。

结合国家统计局、世界银行相关数据，对于中国跨越中等收入陷阱初步趋势分析如图 11 - 1，两种情况分别是考虑 2020 年新冠肺炎疫情与否初步判断情况，结果显示按照当前趋势中国还需大概五年时间可以达到世界银行高收入标准。考虑当前疫情形势、中美关系等多种因素极其复杂，未来发展情况将会更加难以预料。

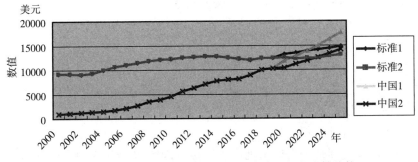

图 11 – 1　中国人均收入与世界银行高收入标准比较趋势

（资料来源：国家统计局、世界银行）

三、面向未来阶段经济增长稳态分析

世界各国经济发展进程中，达到中等收入水平或高收入水平后经济增长产生波动，重新跌落到从前较低水平的例子时有发生，典型范例如阿根廷人均国民收入多次大起大落，韩国同样曾经达到高收入水平后短时期下跌。因此，中国在跨越中等收入陷阱达到高收入水平后，必须继续保持经济持续发展，达到一个相对稳定增长状态，超过或者持平世界银行划定高收入水平国家的经济增长幅度。

当前中国经济增长速度保持在6%至7%中高速发展幅度，依然处于世界主要经济体的发展前列，维持当前经济发展态势，中国将成功跨越中等收入陷阱，并稳定在高收入国家行列。

（一）供给与需求平衡促进经济稳健增长

当前，在中国经济由高速增长转向中高速增长过程中，高质量发展成为经济增长的重点，从理论与实践角度更加注重供给侧结构性改革，这是对过去经济增长路径的积极反思与探索，未来经济发展供给与需求并重、总量与结构保持平衡是保持国民持续健康发展的关键。

经济长期持续稳健增长是供给与需求合理平衡的结果，供求平衡科学管理极大促进经济发展。过去刺激经济发展政策多在需求方面实行逆风向管理，更多注重供给方面结构性改革可以有效改善经济结构，保持经济持续稳健发展（见表7 – 1）。

由表7 – 1可见，中国在经济发展过程中，长期规划中突出供给方面的资源合理配置，但是实际运行过程中，由于国际国内客观的发展环境，短期采取的措施都是突出刺激经济发展的需求方面，实行相机抉择的逆风向宏观调控政策较多，对于长期经济发展战略效果产生一定的影响。因此，更加注重供给与需求的合理平衡是促进经济持续发展的关键所在。

例如，在 2008 年国际金融危机的影响尚未显现时刻，中国面临总体经济发展形势是控总量、稳物价、调结构、促平衡，为了达到这一目标当时实施了稳健的财政政策和从紧的货币政策，力争消除可能经济过热苗头和促进经济结构调整。但是，由于后来发生严重国际金融危机，中国面临巨大经济冲击，特别是净出口出现严重转折，因此 2009 年宏观经济政策迅速调整为积极的财政政策和适度宽松的货币政策，宏观发展目标也转向为扩内需、保增长、转方式、调结构，总体经济方向产生明显调整，与之配套的措施就是实施"四万亿"项目，通过强力扩大投资需求弥补净出口萎缩与国际衰退冲击。因此，在中国宏观经济调控手段一直以加强需求方面管理的情况下，实施供给侧结构性改革，正是平衡供给与需求的有效手段，在供给与需求平衡的状态下促进经济继续保持中高速发展。当前，继续实施去产能、去库存、去杠杆、降成本、补短板五大重点任务是中国发展经济的现实问题，通过供给侧结构性改革消除经济发展过程中存在的问题，实现供给与需求的平衡发展保持国民经济稳定增长。

（二）合理规划促进稳定经济增长

2016 年 1 月，国务院第五次全体会议提出："十三五"时期是中国实现全面建成小康社会的决胜阶段，也是跨越"中等收入陷阱"的关键时期。党的十八届五中全会公布《中共中央关于制定国民经济和社会发展第十三个五年规划的建议》（以下简称《建议》）再次全面描绘经济发展蓝图，体现发展规划对于中国维持经济稳定发展具有重要促进作用。《建议》体现了中国"十三五"期间经济发展指向，同时表明中国未来国家发展的总体原则，对于中国突破与保持高收入水平发展阶段具有重要引领意义。《建议》指出，中国当前的重要问题还是发展，并且在第三部分到第七部分重点提出了创新、协调、绿色、开放、共享五大发展理念，通过实现科学发展完成经济保持中高速增长、人民生活水平和质量普遍提高、国民素质和社会文明程度显著提高、生态环境质量总体改善、各个方面制度更加成熟定型重要发展目标。

创新是促进经济发展的第一动力，处于当前国家经济发展全局的核心位置。形成促进创新的体制架构，塑造更多依靠创新驱动、更多发挥先发优势的引领型发展对于中国进一步发展经济具有重要意义，通过改变过去高度依赖人口红利、土地红利的要素驱动及投资驱动的发展模式转向创新驱动发展是中国保持稳定增长、进入高收入国家的必由之路。

协调是保持国民经济持续稳定发展的内在要求，必须实现经济发展总体上全面均衡。不协调、不平衡、不可持续的发展难以维持中国这样一个世界人口第一、经济总量第二大国保持经济长期中高速增长，实现长期稳定发展必须转向国民经济协调发展，坚持区域协同、城乡一体、物质文明精神文明并重、经济建设国防建设融合，在协调发展中拓宽发展空间，在加强薄弱领域中增强发展后劲，达到经济发展持续稳定状态。

绿色是国民经济实现可持续发展的重要体现，经济发展必须坚持节约资源和保护环境，必须改变过去"三高两低"的粗放型发展模式。坚持绿色富国、绿色惠民，通过发展集约型生产模式实现经济可持续发展。

开放是国家繁荣发展的必要途径，中国的成功发展经验说明对外开放积极参与经济全球化是促进经济发展的正确选择。融入全球分工合作、实现全面优势互补可以极大提高经济发展效率、缩短经济赶超进程，中国短短几十年的发展历程已经完成了先发国家上百年甚至几百年的发展。为此，中国需要不断提高对外开放水平，协同推进战略互信、经贸合作、人文交流，努力形成深度融合的互利合作格局。

共享是中国经济发展的本质要求与最终归宿，发展成果由人民共享，分配公平、共同富裕既是经济发展的成果，也是实现高水平发展的必由途径。收入差距过大必然导致经济资源配置效率低下，进而影响经济发展成果。因此，实现共享发展是中国稳定达到并且保持高收入水平的战略选择。

发展规划对于经济发展指向作用明显，表明中国经济发展继续存在强劲增长动力，具有实现中高速增长的客观条件，能够支持国民经济完成跨越中等收入陷阱与保持高收入水平的重要任务。

第一，经济发展规划体现了中国正确的经济发展战略，引领国民经济进入科学的发展轨道，形成的良好发展预期有助于完成国家经济发展目标。中国制定的长期发展规划从本国实际国情出发，贴近经济发展客观情况，反映当前各方经济发展诉求，根据理性预期理论，合理的目标有助于形成聚集效应，促进经济目标的实现。

第二，经济发展规划提出注重科技创新，积极培育未来发展新动力。通过不断优化劳动力、资本、土地、技术、管理等要素配置，实现国家科技水平与管理水平的优化升级，可以激发创新创业活力，推动大众创业、万众创新，释放新需求，创造新供给，进而推动新技术、新产业、新业态蓬勃发展，加快实现发展动力转换。从经济发展角度，创新可以实现生产函数的优化，极大提高经济发展的效率，以同样的资源投入获得更多的经济产出，实现经济水平的不断上升。

第三，经济发展规划注重国民收入的合理分配，通过分配环节实现共同富裕，激发各个经济主体的生产创造积极性，实现经济的良性持续发展。收入分配是社会再生产的重要环节，通过共享发展达到社会财富的合理分配，进而反作用于社会再生产各个方面推动生产过程更加顺畅，增加总体社会经济成果。

第四，经济发展规划指明中国注重经济发展可持续性，绿色发展更加促进国民经济走向集约型发展道路，通过降低投入提高产出的内涵式发展将会极大提升中国经济发展的效率，增强中国在世界范围的经济竞争力，最终实现更快更持久的经济增长速度，保持中国人均收入水平的国际排名不断提升。

第五，经济发展规划提出中国继续实行开放发展，积极融入经济全球化，充分利用两种资源和两个市场，极大促进中国经济发展与赶超进程。纵观中国几十年的经济发展成果，开放是促进经济保持高速增长的持续动力。通过不断提高开放水平与丰富开放内涵，使得中国充分参与经济全球化过程，享受到经济全球化带来的好处，通过开放极大缩短中国现代化发展进程，较快完成发达国家经历较长时间才能达到的发展过程。因此，开放扩大了中国资源配置的范围，对于中国经济发展具有巨大推动作用。

（三）跨越中等收入陷阱稳定发展愿景

根据中国当前经济增长态势与国家发展规划，在达到高收入水平后，相比于其他高收入国家具有更大发展潜力，经济增长速度快于平均发展速度意味着中国能够稳定保持在高收入国家行列，并且逐步向更高水平靠拢。

第一，保持经济绝对增长。经济的绝对增长是指相比于中国自身发展情况，按照不变价格计算每年必须有一定的经济增长率，促使国民经济实力不断增强，人均收入水平不断提高。首先，继续改革完善经济制度，把提高制度效率作为经济增长的重要基础。发展市场经济必须完善市场体系与市场规则，通过市场机制作用的充分发挥促使资源配置效率提高促进经济持续发展。其次，提高资源禀赋的利用效率，提高投入产出效益比例，实现可持续发展。借鉴新制度经济学经济发展理论，资源对于国家经济发展具有重要作用，因此保持经济绝对增长必须促进经济资源高效利用。再次，激发各个经济主体的竞争活力，通过经济主体对于经济效益的追求增强市场经济活力，使得市场对于资源配置真正起到决定性作用，进而推动经济效益不断提高，国民经济持续稳定增长。最后，充分发挥科技对于经济增长的关键作用，实施创新驱动发展战略，保证经济增长动力转换，从外延式增长转为内涵式增长，实现增长机制长效化。

第二，保持经济相对增长。中国在注重自身经济发展的同时，必须还要赶超世界先进水平，不断提升国际总体地位。中国目前是世界第一人口大国，经济总体实力达到世界第二大经济体的地位体现了中国长期以来的发展成绩，同时还要深刻认识到中国人均收入只是世界中等水平，跨越中等收入陷阱迈入高收入国家行列不仅需要自身发展，还要与其他国家进行比较，经济增长速度力争高于其他国家水平。首先人均国民收入达到世界银行划定的高收入水平增长标准后还要继续保证一定的经济增长速度，稳定维持在高收入国家行列。发展的最低标准就是经济增速高于世界银行标准增长，并且为了尽快早日迈入发达国家行列，还要力争快于发达国家的经济增长速度，不断缩短双方差距，进而实现赶超。其次确保本国货币币值稳定，保证对比美元货币不会大幅贬值，维持经济发展成果。中国经济发展的成果通过本国货币体现，世界发展的成果通常以美元计价，因此，中国必须保持本国货币币值稳定，不断提升人民币的国际地位，既是中国保持国际经济地位的重要保证，也有利于中国获得更多的经济发展机会和应得国际利益。

第十二章　应对黑天鹅事件与修昔底德陷阱

当前中国经济增长速度正常情况下保持在 6% 至 7% 中高速增长幅度，依然处于世界主要经济体发展前列，维持当前经济发展态势，中国将成功跨越中等收入陷阱，并稳定在高收入国家的行列。但是，伴随正常经济增长过程，往往会产生风险性因素冲击发展进程，这些突发因素要求中国必须居安思危，高瞻远瞩，科学应对。成功跨越中等收入陷阱需要合理应对黑天鹅事件与修昔底德陷阱，同时，避免出现从一个危机转向另一个危机，需要认真探索货币政策在应对危机中的合理作用。

一、应对黑天鹅事件与促进经济发展

首先需要重点关注的问题就是黑天鹅事件对于经济发展的影响。纵观世界经济发展历程，在康德拉季耶夫周期、朱格拉周期、基钦周期等统计学波动周期下，各种原因导致的黑天鹅事件经常发生，对经济发展进程影响巨大。

（一）黑天鹅事件及其影响

黑天鹅事件在偶然之中存在一定必然因素，爆发过程存在时间上的不确定性，往往对当时历史发展进程造成严重冲击，影响深远。

黑天鹅事件（Black swan incidents）是指平时很难进行预测并且迅速爆发的重大负效应事件，经济领域黑天鹅事件通常造成严重负面经济后果，影响一个国家或者整个世界的经济增长。黑天鹅概念盛行重点归功于美国学者纳西姆·尼古拉斯·塔勒布，他在著作《黑天鹅：如何应对不可预知的未来》中提出黑天鹅事件定义。塔勒布认为黑天鹅事件具有三个重要特点：首先，黑天鹅事件具有意外性，即黑天鹅事件通常超出预期，根据过去情况没有任何确切证据证明黑天鹅事件可能发生。其次，黑天鹅事件会产生极端效果，影响巨大，严重后果波及世界、国家、社会、个人等多个层面。最后，黑天鹅事件虽然具有意外性，但是人们往往试图分析原因，并且总是或多或少地认为黑天鹅事件是可以解释和可以预测的。简而言之，这三点概括起来就是：稀有性、冲击性和事后预测性。[①] 学界通过分析归纳黑天鹅事件，总结认为黑天鹅事件影响巨大，即使难以避免，也应该尽量准备预案防范。分析 21 世纪以来一些黑天鹅事件，无论起源何时何地，最终由于蝴蝶效应都传导到全世界，对各国发展进程产生严重冲击。

"9·11" 事件。2001 年 9 月 11 日，"9·11" 事件发生，恐怖分子劫持多架民航客机撞向美国纽约世贸中心与华盛顿五角大楼，导致世贸中心坍塌，五角大楼受损，直接造成 3000 多人在这次黑天鹅事件中丧生。"9·11" 事件是 21 世纪全球第一个重大黑天鹅事件，引起世界政治经济文化等各方面产生巨变。开始，巨大冲击导致美国经济处于瘫痪状态，严重经济损失难以衡量，整个美国社会仿佛按下暂停键。随后，美国政府花费巨资开始漫长反恐战争，促使世界政治经济格局开始重组，这次黑天鹅事件严重影响了全世界方方面面，削弱了世界第一大经济体美国的经济实力。客观来看，"9·11" 事件对于中国的影响不完全是负效应，尽管国际油价、金融环境等负面因素必然波及中国，但是由于中国远离北美中东地区并且长期奉行和平发展战略，相对来讲动荡情况引起直接冲击不大，重点是中国获得了较长时期稳定发展环境，并且顺利加入世界贸易组织，对后续发展情况比较有利。

2008 年国际金融危机。2008 年国际金融危机严重影响各国经济增长进程，这次危机对于中国同样负面效果明显。金融危机最早始于美国，在 2007 年已经开始显现苗头。早期美国产生大量低质房屋按揭，并且对于这些产品过度金融化，部分按揭现金流断裂发生连锁反应，投资者对这些垃圾按揭证券价值失去信心，引发流动性危机，市场产生踩踏现象终于引爆金融危机。金融危机蔓延失控，导致美国大型金融机构大量倒闭或被政府接管，信心崩塌加上美元国际货币地位的影响，金融危机开始向世界蔓延，造成全球性黑天鹅事件。欧洲国家在这次事件中损失严重，多个国家信用评级大幅下降，主要经济体受到严重拖累，部分国家经过多年尚未完全恢复，经济社会矛盾全面爆发。中国在这次黑天鹅事件冲击中同样损失巨大，面对外部影响经济领域开始紧缩，好在政府出台多项扩张性经济措施抵消负面影响，最终在世界主要经济体中率先恢复增长。

英国脱欧事件。2016 年 6 月，英国根据全民公投结果宣布退出欧盟。

---

① 纳西姆·尼古拉斯·塔勒布. 黑天鹅：如何应对不可预知的未来 [M]. 北京：中信出版社，2019.

受此影响，全球金融市场反应强烈，英镑兑换美元汇率闪电崩盘，跌幅超过 1000 个基点，触及 1985 年以来英镑兑换美元最低水平，导致时任英国首相卡梅伦辞职。英国退出欧盟是欧洲内部矛盾的反映，同时更重要的是对世界政治经济格局产生重要暗示。经济全球化促进世界各国经济联系与经济发展，但是不平衡性同样积累了结构性矛盾，英国脱欧事件提示中国要对世界政治经济格局保持清醒认识，在应对经济全球化方面提前做好有效应对措施。

中美贸易争端。2016 年 11 月美国总统选举结果当时完全出乎主流媒体和分析人士预期，进而在接下来的时间里对中美关系和世界经济格局产生转折性影响。美国总统选举四年一次是常规选项，单纯分析这一事件，比较意外的选举结果对于中国当时影响不大，但是结合当选美国总统完全转变对华经济政策，在全球范围内可以称为重大黑天鹅事件，世界第一和第二经济体严重贸易摩擦不仅影响两国之间政治经济形势，并且对于世界经济秩序和各国经济发展形成巨大挑战，负面后果至今尚未消退。中美贸易摩擦主要表现为美国开始大幅度、宽领域加征中国商品关税，实质反映出科技封锁、关税壁垒、孤立主义、反全球化等多重深层次政治经济问题，规模之大迫使中国不得不采取反制措施，对于中国经济发展影响巨大，同时对于美国自身同样负面后果严重，世界范围内很多国家也受到波及。

通过简要分析回顾可以看出，黑天鹅事件对于投资、贸易、创新等重要经济发展环节产生重大冲击，进而影响经济发展预期信心。因此，发展经济必须做好长期规划，时刻准备应急预案，避免产生增长波动危及经济发展进程。

（二）2020 年黑天鹅事件及应对反思

2020 年初世界范围内新冠肺炎疫情开始大规模爆发，疫情叠加经济冲击，很多学者认为问题的严重性等同于 1929 年世界经济大衰退。各种问题交织提醒中国必须切实练好经济内功，内在实力是保证经济发展的关键依靠。

1. 2020 年黑天鹅事件与经济形势

2020 年初新型冠状病毒感染引起的肺炎疫情迅速蔓延，一开始中国疫情相对比较严重。面对前所未有的复杂局面，中国众志成城、应对得当，较快控制疫情发展并且开始逐步促进经济恢复。严重的是，国际社会没有抓住中国为世界赢得的宝贵缓冲时机，在中国基本控制疫情的情况下，世界范围内各国新冠肺炎疫情轮番爆发，进而强烈冲击各国经济，造成全球经济衰退。

截至 2020 年 6 月底，全球新冠肺炎疫情总体情况依然十分严重。世界感染人数超过 1000 万人，死亡人数超过 50 万人；中国感染人数超过 8 万人，死亡人数超过 4000 人。与此同时，疫情对于世界政治经济环境造成灾难性冲击。

其间，世界各个主要经济体全部受到冲击，第一季度公布经济数据全部负增长，全球经济面临前所未有的困境，形势十分严峻。美国第一季度经济受损情况总体相对较轻，实现名义 GDP 约 5.26 万亿美元，与上年同期相比实际增长 0.5%，但是与 2019 年第四季度相比环比下降 4.8%。需要注意的是，美国 3 月疫情刚刚开始爆发，没有汲取先进国家重要抗疫经验，截至 6 月末，已经成为世界疫情最严重的国家，感染人数和死亡人数遥遥领先，预期未来一段时间经济形势极度悲观。日本 2020 年第一季度经济增长情况同样不容乐观，公布经济初值数据是名义 GDP 约为 135 万亿日元，折算接近 1.25 万亿美元，剔除物价变动因素后，与上年同期相比实际下降 2%，实际 GDP 比上一季度下降 0.9%，换算成年率为下降 3.4%，疫情不仅引起经济低迷，并且导致东京奥运会推迟，进而反过来促使经济螺旋式下滑。截至 2020 年 6 月末，第二季度世界经济数据尚未出炉，根据疫情情况，经济形势持续悲观，美国、印度、巴西等较大经济体疫情严重，总体经济形势继续低迷。

中国经济状况在 3 月开始显示复苏趋势，但是第一季度总体情况困难重重，形势严峻程度远远超过 2003 年非典疫情和 2008 年国际金融危机。第一季度 GDP 同比增速 -6.8%，相较 2019 年第四季度大幅下滑 12.8 个百分点，成为 1992 年公布季度数据以来首次负增长。总体上 3 月经济数据恢复开始加快，但是由于 1~2 月形势太差，拉低整个季度数据。分产业数据，第一、第二、第三产业增加值同比数据分别为 -3.2%、-9.6% 和 -5.2%，相较上年第四季度分别下降 6.6 个、15.4 个和 11.8 个百分点。第三产业降幅小于第二产业，重要原因是新兴服务业成为主要支撑。中国作为应对疫情比较成功的国家，第二季度经济有望复苏，GDP 数值转正，继续成为世界经济发展引领力量。第一季度具体数据可见表 12-1。

表 12 - 1　2020 年第一季度中国宏观经济数据

经济指标	3 月同比	第一季度同比	上年同期
GDP	—	-6.8%	6.4%
CPI	4.3%	4.9%	1.8%
PPI	-1.5%	-0.6%	0.2
社融增量	5.15 万亿元	11.08 万亿元	8.18 万亿元
新增贷款	2.85 万亿元	7.10 万亿元	5.81 万亿元
制造业 PMI	52.0%	—	50.5%
规模工业增加值	-1.1%	-8.4%	6.5%
城镇固定资产投资增速		-16.1%	6.3%
民间固定资产投资增速		-18.8%	6.4%
房地产开发投资增速		-7.7%	11.8%
社会零售品销售	-15.8%	-19.0%	8.3%
外汇储备（美元）	—	30606 亿美元	30988 亿美元
出口	-3.5%	-11.4%	-6.7%
进口	2.4%	-0.7%	0.3%
贸易顺差（人民币）	1300 亿元	983 亿元	5297 亿元

　　数据来源：国家统计局、人民银行、海关总署。

　　通过以上数据可见，中国当前总体经济形势开始显示复苏的审慎乐观趋势，但是由于前期疫情严重关系，第一季度情况整体不佳。从宏观经济角度来看，社会需求和生产生活骤降，拉动经济增长的"三驾马车"全面放缓，由于投资、消费、出口等受到国内国外双重明显冲击，物价上涨，失业增加。从行业角度来看，由于产业性质不同，有喜有忧，总体态势较差。住宿、餐饮、旅游、影视、交通运输、教育培训等行业受到冲击较大，甚至有些处于停滞状态；医药医疗、在线游戏等行业受益，产业发展产值增加。从微观主体角度来看，民营企业、小微企业困难重重，多个行业个人收入下降明显。

　　总体来看，各个方面均不乐观，表明黑天鹅事件对于经济增长的打击极为强烈，跨越中等收入陷阱必须高度重视这类事件影响，平时居安思危做好应对预案。

　　2. 黑天鹅事件经济学分析

　　新冠肺炎疫情给中国经济造成较大冲击，对于有些疫情严重国家来讲甚至将会造成较长时期的经济衰退，成为全球范围重大黑天鹅事件。当前欧美主要发达国家和世界主要新兴经济体疫情仍然处于爬坡增长期，最终经济结果和后续影响尚且难以最终定论，但是导致全球总体环境持续恶化，负面作用必将长期存在。

以中国情况为例，2020 年新冠肺炎疫情引致的黑天鹅事件是严重经济冲击。生产方面数据显示，新冠肺炎疫情对宏观经济影响巨大，各产业增加值全面下降，由于产业特性和季节因素，第二产业增加值降幅最大，规模工业增加值、城镇固定资产投资增速、民间固定资产投资增速、房地产开发投资增速滑落明显，总体对于经济下降影响最大。需求数据显示，投资需求、消费需求、净出口需求同时显著下降，拖累经济增长出现几十年未遇的艰难局面。具体数字是消费需求对于经济增长贡献率为 -64.1%，拉动经济整体下降 4.3 个百分点，其中居民消费支出明显下降；投资需求对于经济增长贡献率为 -21.5%，拉动经济整体下降 1.5 个百分点。同时，全国居民人均可支配收入名义增速对比 2019 年同期显著回落，实际增速为负值；财政收入方面处境艰难，其中税收收入明显下降，疫情初期全国税收收入同比下降超过 10 个百分点。具体数值是第一季度全国居民人均可支配收入 8561 元，较 2019 年数值下降幅度较大，创下历史新低。就业方面形势同样紧张，3 月城镇调查失业率数值为 5.9%，比较 2 月数值 6.2% 有所缓解，但是仍然处于历史高位；第一季度城镇新增就业人数 229 万人，同比下降 29.3%；2020 年中国应届高校毕业生 874 万人，就业市场压力巨大。综合可见，本次新冠肺炎疫情造成较大经济冲击，结合国际悲观经济前景，对于中国堪比 2008 年国际金融危机，对于世界将会更加艰难，大概率面临较大衰退。

当前中国对于疫情应对得当，经济恢复趋势良好，负面后果正在逐步消除。但是环视全球范围，这次黑天鹅事件产生巨大影响短期难以消除，如果疫情继续应对失误，必将重创全球经济增长，导致经济开始走向衰退。首先，这次新冠肺炎疫情是性质严重的黑天鹅事件，导致全球经济增速普遍产生断崖式下行，并将持续一定时间。根据世界银行、国际货币基金组织等重要国际金融组织数据和判断分析，当今主要经济体第一季度经济形势全面恶化，预判未来经济形势同样不容乐观，全球总体进入衰退通道。其次，全球经济合作面临巨大冲击，经济全球化进程前景暗淡。针对本次疫情具有高度传染特性的特点，世界各国多数采取封锁措施，虽然这一方法成为比较有效的防范手段，但是势必造成全球产业链弱化甚至断裂，进而降低国际合作效率。再次，全球金融市场被迫进行深度调整，未来前景充满动荡。美国疫情加重之后股市深度下跌，同时向世界市场层层传递，短期天量刺激虽然重新拉升股市指数，但是经济空心化并未实质支持金融市场，未来波动隐患尚未完全消除。并且，全球多数国家宏观经济政策手段用尽，未来调控空间有限。国际金融市场遭受冲击情况是双重的，市场惶恐情绪导致股市出现深度下跌，其后各国天量货币超发刺激经济，大水漫灌形成未来波动根源。疫情以来，欧美国家全面采取扩张性经济政策应对当前困难，特别是在美元具有全球货币特性情况下美国推进无限量货币宽松，没有生产率提高情况下的货币超发必然形成未来暴雷因素。加之欧美国家多数近似负利率或零利率背景，未来各国宏观经济政策操作空间有限，应对衰退能力更加难以确定。最后，全球经济衰退预期情绪更加悲观，负面影响形成后续继续下跌叠加因素。理性预期学派认为预期因素对于未来经济形势具有重要影响，当前疫情发展伴随持续衰退的负面情绪进一步导致经济形势雪上加霜。

（三）中国应对黑天鹅事件策略

21世纪以来黑天鹅事件不断出现，为了确保经济持续稳定发展实现大国崛起目标，中国必须时刻做好准备迎接未知挑战。应对频频发生的黑天鹅事件，需要积累经验正确应对，重点切实加强自身经济实力作为化解各种不确定性因素的关键举措。

1. 针对黑天鹅事件应急对策

黑天鹅事件是极具破坏力的突发性事件，中国当前能够比较成功应对新冠肺炎疫情，关键在于问题爆发初期迅速作出反应，所有政策指向明确，精准针对各项具体经济指标采取积极应对措施，从战术角度直接施力中观微观层面，避免出现宏观政策指向不明、多层传导引致政策失灵现象。这次处置新冠肺炎疫情可以作为应对黑天鹅事件的经典案例。

第一，快速找准源头，对策指向明确。2020年初开始爆发的新冠肺炎疫情首先定位是公共卫生领域一次重大传染病疫情流行事件，其后才是引致经济社会等领域各种问题叠加爆发。因此，开始对策亟须快速控制扑灭疫情，后续办法才是针对疫情影响采取各项措施化解相关领域难题。需要关注的重点是中国各个重要领域储备大量专业人才在出现重大公共危机事件中发挥不可替代的关键作用，人力资源培养功不可没。

第二，稳定心理预期，减少恐慌踩踏。黑天鹅事件特别是重大的黑天鹅事件具有爆发性突然和破坏力严重的特性，开始社会必然产生恐慌情绪，进而常常由于大众盲目无序引起混乱甚至动荡，例如，本次新冠肺炎疫情初期就曾产生比较严重的医疗资源挤兑情况。因此，应对黑天鹅事件需要迅速稳定公众心理情绪，减少恐慌导致的挤兑踩踏现象，借用理性预期学派理论，公众对于政府政策能够产生预期就会理性采取相应对策，公众和政府预期一致必然提高政策效率。

第三，解决民生难题，创造就业岗位。针对全球疫情流行及其后续经济影响，在进行合理疫情防控的同时，重点需要解决民生问题，解决生存生活问题，发展问题就会解决得更好。多种措施推动全面复工复产复市，积极落实各项助企纾困政策，全面加强就业工作，特别针对重点人群和小微企业做好定向帮扶工作。制定政策努力稳定现有就业，积极增加新就业，促进失业人员再就业。同时清理取消对于就业的不合理限制，促进就业举措要应出尽出，开拓岗位办法要能用尽用。

第四，财政政策积极，货币政策稳健。经济社会领域出现重大困难，发挥市场作用同时必须注重政府作用力量，通过高效宏观经济政策化解当前各种难题。积极财政政策更加积极有为，针对疫情必须加大财政税收政策力度，做好提质增效、突出结构调整，充分利用财政政策工具，适当增加财政赤字，合理发行特别国债。对于已经出台的各项财税支持政策需要落实细化，充分利用资金支持、财政贴息、减税降费、缓缴税款手段，切实加大中央财政转移支付力度。稳健货币政策更加灵活适度，充分利用货币政策工具和调控空间，面对困难积极因时因势调整货币政策力度、节奏、重点，继续保持流动性合理充裕，优化市场利率，稳定市场预期，降低企业融资成本，加大小微企业帮扶力度。完善财政政策和货币政策配合机制，利用财政政策和货币政策积极扩大有效投资，促进国内需求，帮扶出口企业发展。

第五，注重政策实效，避免资源浪费。面对突发疫情及其经济冲击，综合运用各项宏观经济措施必不可少，但是不能造成资源浪费，必须注重调控实效，提高经济运行效率。应对当前困难，需要统筹规划，避免各自为政，对于经济资源应当合理使用，防止政策红利分配不均影响总体政策效果。

2. 应对黑天鹅事件长期策略

黑天鹅事件的特点在于事先难以精准预测，并且破坏后果十分严重，因此应对黑天鹅事件的有效策略就是提前构建抵御风险能力，提高经济发展能力，形成规划科学的长期战略部署。

第一，持续完善机制建设，提高宏观政策制定能力。针对本次新冠肺炎疫情，中国在 2003 年成功应对非典疫情经验基础上，根据当前实际情况运用成熟有效解决问题机制，制定科学合理政策措施，顺利控制疫情持续爆发，进而积极推进复工复产复市工作，逐步促进社会走向正轨。反观多数疫情严重国家，缺乏有效应对突发事件机制，浪费疫情初期窗口时间，未能制定有效政策措施合理应对，导致疫情愈演愈烈，最终由公共卫生事件发展成为政治经济社会领域严重危机。

第二，切实增强经济实力，提高经济持续发展能力。中国成功控制本次新冠肺炎疫情，重要成功因素还是依靠国家强大经济实力。对比中国和有些国家疫情发展进程可见，经济实力对于应对突发事件具有重要作用。开始中国疫情严重程度远远超过有些国家，但是中国投入了大量人力物力财力，通过合理封锁疫情蔓延、加大医疗投入救治感染人员等重要措施领先世界各国首先基本扑灭本次疫情，并且有能力为世界各国提供必要帮助，充分显示大国担当和国家实力。可见，发展国民经济，增强国家实力是应对黑天鹅事件的重要实力保障。

第三，统筹规划开放发展，认真对待经济全球化。本次新冠肺炎疫情具有高度传染性，因此多数国家普遍采取各种封锁措施限制人员流动，这是应对疫情蔓延的合理措施。但是在经济全球化背景下，这些封闭措施客观上严重影响了生产生活资源流动，对于抗击疫情发展经济产生巨大负面作用，并且有些国家错误掺杂政治因素，人为设置障碍，更加影响世界分工合作与经济复苏。这些问题，提醒中国需要认真反思经济全球化，既要继续秉承开放态度，又要加强自力更生能力，对于关键技术关键资源等方面必须尽快实现自给自足。

第四，避免产业空心化，创新与生产并重。中国成功控制新冠肺炎疫情实现尽快复产复工经验表明，应对黑天鹅事件需要科技创新与加强生产并重，避免产业空心化。应对这次疫情需要口罩、防护衣、呼吸机等医疗物资，生产这些物资本身并不需要很高的科技水平，但是突然之间全球产生的大量需求导致出现踩踏现象，结果多数国家没有高效生产能力，严重影响抗疫工作。因此，针对重要储备物资必须能够实现自身加工生产，国家在科技创新的同时需要同步提高生产能力。

第五，加强人才队伍建设，打造重点领军企业。黑天鹅事件爆发具有突发性，因此快速合理应对黑天鹅事件需要专业人才储备，这次中国能够迅速控制新冠肺炎疫情蔓延，就是因为拥有一批专业医学人才，可以提供合理咨询决策方案，完成一线治疗防护工作。同时，在物资生产领域，中国同样拥有一批重点领军企业，能够不计自身利益加班加点进行生产，甚至可以集中力量转型生产重要物资，最终协助国家成功应对严重黑天鹅事件冲击。

二、应对修昔底德陷阱与跨越中等收入陷阱

从人均国民收入角度来看，中国当前已经超过 1 万美元，下一步就是突破世界银行划定高收入标准跨越中等收入陷阱；从经济总量来看，中国在 2010 年超越日本成为世界第二，当前数值已经超过美国总量的 60%，面临学界提出的修昔底德陷阱问题。成功跨越中等收入陷阱，必须合理应对修昔底德陷阱。

（一）修昔底德陷阱现象与现状

学界对于修昔底德陷阱问题提出多种论述，冷静分析，修昔底德陷阱现象客观存在，没有一个大国能够顺顺利利崛起，必须对内励精图治、奋发图强，对外韬光养晦、厚积薄发。

1. 修昔底德陷阱现象

"修昔底德陷阱"概念来源于古希腊著名历史学家修昔底德的阐述，修昔底德在《伯罗奔尼撒战争史》中对于有关雅典与斯巴达城邦之间战争进行描述，引出近来"修昔底德陷阱"论述，一个新兴大国必然要挑战原有大国，原有大国同样需要回应这种威胁，冲突导致战争变得不可避免。近年促使"修昔底德陷阱"说法普遍流行的学者是格雷厄姆·艾利森，艾利森在其著作《注定一战：中美能避免修昔底德陷阱吗》中的论述，中国崛起是历史必然，美国如果不能学会接受现实，中美冲突不可避免，甚至必有一战。①

产生修昔底德陷阱问题主要基于当前国际政治经济发展形势，一部分人对于新的世界发展格局缺乏科学有效认识，同时担心发展、安全、利益等方面问题，不断利用对抗性思维强化修昔底德陷阱概念和理论。修昔底德陷阱问题从实力决定理论描述，世界格局缺乏类似国家内部那种政府主导体系，那么国际关系之中国家实力决定国家地位利益等因素，新兴大国

---

① 格雷厄姆·艾利森. 注定一战：中美能避免修昔底德陷阱吗 [M]. 上海：上海人民出版社，2019.

出于自身发展需要与原有大国维护自身利益需要必然产生冲突，进而依靠实力决定地位，原有大国必须迎接新兴大国的挑战。从战争获益理论来看，新兴大国由于实力发展需要获得更多收益，各国利益冲突导致战争，战争胜利国家将会获得更大收益，因此新兴大国与原有大国都会进行战争准备。

纵观世界发展历史，修昔底德陷阱现象的确现实存在，但是伴随人类文明发展进步，争取国家利益应该摒弃对抗性思维，构建新型大国关系，需要通过公平竞争、科技进步、经济发展等方法促进本国人民生活水平不断提高。为此，中国对于修昔底德陷阱有着清醒客观认识，关于和平发展重要国际问题具有更加深刻理解："第一，正确判断彼此战略意图。同美方一道构建新型大国关系，实现双方不冲突不对抗、相互尊重、合作共赢，是中国外交政策优先方向。我们愿同美方加深对彼此战略走向、发展道路的了解，多一些理解、少一些隔阂，多一些信任、少一些猜忌，防止战略误解误判。我们要坚持以事实为依据，防止三人成虎，也不疑邻盗斧，不能戴着有色眼镜观察对方。世界上本无'修昔底德陷阱'，但大国之间一再发生战略误判，就可能自己给自己造成'修昔底德陷阱'。第二，坚定不移推进合作共赢。合作是实现利益的唯一正确选择。要合作就要照顾彼此利益和关切，寻求合作最大公约数。中美两国合作好了，可以成为世界稳定的压舱石、世界和平的助推器。中美冲突和对抗，对两国和世界肯定是灾难。中美能够合作的领域十分广阔。我们应该推动完善全球治理机制，共同促进世界经济稳定增长，共同维护全球金融市场稳定。"① 可见，国家之间竞争是历史发展的客观现象，但是不同的思维方式导致不同的应对方式。

2. 修昔底德陷阱现状

中国当前的重要战略任务是实现中华民族伟大复兴和"两个一百年"目标，因此工作中心旨在发展。伴随中国发展情况越来越好，世界政治经济格局逐步产生变化，中国的上升和美国的收缩，成为现今世界格局深度调整的主要因素。美国对于这种发展趋势和自身地位前景的担忧，导致近期中美关系紧张，修昔底德陷阱问题成为关注热点。

世界银行统计数据显示，1991 年"冷战"结束时美国国内生产总值全球占比是 25.73%，经合组织国家总体为 82.7%，中国为 1.59%；2018 年美国全球占比为 23.88%，经合组织国家总体为 61.3%，中国为 15.9%。②

---

① 新华网：http://www.xinhuanet.com/world/2015 – 09/23/c_ 111665614.
② 数据来源：世界银行。

2000 年时中国国内生产总值数值相当于美国国内生产总值 10/1 左右，现在中国国内生产总值已经超过美国国内生产总值 60% 以上，并且根据现有发展趋势，中国未来超越美国成为世界最大经济体是大概率事件。据此，美国普遍存在对抗情绪，导致近来中美关系日趋紧张。2020 年 5 月美国政府公布的《美国对中华人民共和国战略方针》就是这种情况的最新代表，其定性中美关系性质是大国竞争，美国未来与中国打交道将秉持施压原则。

美国采取多种对抗思维手段开始抑制中国发展，轮番利用贸易争端、科技抑制、金融抑制、中国香港问题、中国台湾问题、南海问题等试图扰乱中国正常发展。贸易争端方面，2018 年以来美国以贸易不公为借口多次制造中美贸易摩擦，实质就是运用新型冷战思维遏制新兴大国崛起，借以保障美国经济霸权。通过加征各种不合理关税和构建各种贸易壁垒等方式打击中国企业，结果不仅损害了中国企业经济利益，对于美国一些企业同样造成伤害，形成两败俱伤局面。科技抑制方面，美国对中国中兴、华为、大疆、海康威视等高新科技企业实施全面制裁禁运，目标就是试图打击中国高新科技产业，进而阻止"中国制造 2025"等国家战略成功实施，在没有取得相应效果之后继续变本加厉，扩大抑制规模范围，制裁名单不断增加，多次添加军工企业、科研机构、高等院校。除此之外，美国经常威胁施加金融制裁，利用香港问题、台湾问题、南海问题等干涉中国内政，甚至辅以危险军事手段，例如，动用航母进行南海巡航。

综上可见，对于修昔底德陷阱问题需要给予清晰判断与思考，深刻认识关于修昔底德陷阱现状。首先，无论学术概念如何定义，修昔底德陷阱作为一种现象客观存在，必须居安思危，不能丝毫心存侥幸。其次，由于当前高新武器层出不穷，威力巨大，热战可能相较以往已经降低，但是多种形式摩擦争端频频发生，可以认为是修昔底德陷阱在新形势下的表现形式更新，亟须重点关注并严加防范。最后，修昔底德陷阱问题实际已经偏离正常发展轨道，影响世界和平发展的主题，应该想尽办法回到构建人类命运共同体的发展正轨。

（二）修昔底德陷阱经济学分析

现实修昔底德陷阱问题就是中美两国如何相处、如何发展的问题，重点在于美国如何对待中国的经济崛起。战争或者冲突不是国家进行选择的目的，而是到达选择目标的手段，因此，正确分析修昔底德陷阱经济学意义，就可以找到真正应对修昔底德陷阱的合理办法。

　　修昔底德陷阱通常是指新兴大国首先挑战原有大国利益，但是当今现实情况恰恰相反，美国经常主动挑战中国国家利益，主要原因在于美国国家发展模式。如今美国经济发展状况已经明显出现产业空心化，工业生产能力远远落后于中国，经济总量成为世界第一完全依靠围绕三个支柱构建起来的经济体系。美国成为当世唯一超级大国，主要基础是无与伦比的军事实力和强大的科技研发能力，并且通过这种综合实力保障美元形成国际通用货币霸权地位，最终美元带来支撑美国地位的天量财富，形成一个完美的收益闭环。

　　布雷顿森林体系崩溃实际完全利好美元，美元摆脱币值必须挂钩黄金的束缚，同时保持世界储备货币和结算货币的地位，通过执行世界货币职能获得源源不断的经济利益。随着布雷顿森林体系崩溃，美元失去黄金价格的内在支撑，但是美国通过强大军事实力迫使石油生产国家必须使用美元结算国际原油，继续保障美元世界货币霸权地位；同时由于不再拥有随时兑换黄金的义务，理论上美国完全可以自主决定货币发行数量，因此美国长期坚持经常项目赤字结合财政政策赤字的经济政策，通过大量投放美元收取世界范围铸币税。美国常年出现高额国际贸易逆差，表明美国进口数额高于出口数额，实质就是美国为国际社会生产商品数额远远低于美国使用国际商品数额，美国及其国民能够享受丰富的物质生活，与利用美元的霸权地位获取大量经济利益有关。美国获得这种超额收益能力，源于军事力量和科技实力支撑的美元垄断地位。美元超然地位扩大美元使用场景，例如，国际贸易特别是石油贸易使用美元计价结算，外汇交易利用美元标价并且保持大量交易比例，各国外汇储备保持美元占有大量份额，多数国家选择美元作为货币锚，这些场景形成良性循环保障美国超额利益。

　　美国努力维持美元垄断地位正是因为可以获取巨大经济利益，通过美元收割世界经济成果体现在多个方面。从宏观角度看，美元实际处于国际通用货币地位，可以通过自由发行美元购买各国商品和劳务进行消费，并且不受限制对外投资。美元经过经常项目通道流至美国以外进行体外循环，需要回收美元可以通过资本项目促使各国购买美国国债方式保持回流，这样美国只需操纵货币发行就能获取收益，长期收缴世界各国货币税。处于这种机制之下，美国可以轻易解决国际收支失衡问题。对于其他国家，经常项目长期逆差必然造成外汇储备短缺，进而国际支付能力不足影响国家主权信用，最终造成经济动荡；对于美国来说，印刷美元实行量化宽松完全可以应对支付问题。从投机角度看，美国利用发行货币优势地位操纵国际市场，美元敞口剧烈波动，通过美元数量收缩打击较弱国家国际支付能力，进而造成国际信用下降资产价格暴跌，最终美国低价进行抄底获取巨额投机收益。美国资本对于阿根廷和东南亚国家经济收割就是典型实例，导致这些国家经济损失严重。

美元这种运行模式不是没有隐忧的，出现信用危机和竞争对手都将给予美元致命打击。美国为了对冲 2020 年新冠肺炎疫情带来的经济冲击，实施史上罕见无限量货币宽松政策，短期内国债规模暴增，截至 2020 年 6 月末已经突破 25 万亿美元，每年需要偿还利息总额超过 7000 亿美元，占据美国每年经济增量较大比例，形成严重经济负担。美元发行失去制约机制，只能依靠美国国家信用背书美元，当前高额财政赤字货币化和趋近零利率的宏观经济政策已经几乎完全压缩美国综合调控空间，长此以往，没有生产能力支撑的货币超发必然拖累美国以及美元信用。如果市场没有出现竞争对手，美元尚有维持现状或者缩表自救的窗口，一旦市场出现等量对手可以进行有效替代，美元地位崩塌必然导致美国经济红利消失，所有获利途径就将连锁坍塌拖累美国经济。而世界范围之内美国现今唯一经济对手就是中国，因此不遗余力进行压制打击。

通过深层分析美国经济运行机制可见，美国近年对于中国多方打压不断升级、贸易争端、科技封锁、金融制裁、政治摩擦等层出不穷，这些反映的都是两国未来发展之争，深刻体现修昔底德陷阱实质。在发展自身经济与进行冲突对抗之间，美国不合时宜选择了后者。

（三）中国应对修昔底德陷阱策略

中国应对修昔底德陷阱策略，既不能盲目冒进，又不能退缩妥协，美国在一定时期内还是世界经济总量最大、整体实力最强的国家，应该采取博弈的态度赢得未来发展发展空间。

1. 应对修昔底德陷阱思路

现今，和平与发展才是我们永恒的主题，中国发展目标是实现中华民族崛起而不是实现中华民族称霸，应对修昔底德陷阱问题只是当前一定时期内需要重点关注的阶段性任务，不必过度渲染修昔底德陷阱威胁，自身发展道路必须以我为主，开创适合中国国情的伟大复兴之路。因此，应对修昔底德陷阱需要坚持五个重要原则。

第一，国家主权利益不容侵犯。中国和中国人民爱好和平，致力构建人类命运共同体既是对外交往长远目标，又是引领世界发展创新理念，为此，中国始终不渝坚持中国特色外交，奉行和平发展道路，一切旨在促进世界和平与共同发展。推动构建新型国际关系成为实现中国对外交往重要路径，这种新型关系基石就是平等互利，单边妥协不能换来和平发展环境。国家主权利益不容侵犯，没有国誉，就没有国运，面对各种冲击，需要敢于斗争，需要善于斗争。

第二，面对复杂形势理性思考。目前，世界总体形势错综复杂，中美关系波折不断，客观判断，当前中美关系处于多年以来相对严重低落阶段，叠加新冠肺炎疫情期间美国对华政策措施极不友好，甚至为了推卸抗疫不力责任更加变本加厉破坏当前国际关系。面对这种情况，中国应该理性思考当前问题，正确制定应对策略，既要坚持不卑不亢对等运用相关手段，又要防止民粹主义避免丧失理性。应对美国近来不断挑衅打压，见招拆招成为最优策略，例如，中美贸易摩擦中美国不断运用征税手段进行打压，中国最好的应对方法就是对等加税反制，不必过度解读形成民粹主义狂热。

第三，利用博弈手段充分进行竞争。应对修昔底德陷阱，既要进行理性思考，还要进行换位思考，面对双方关系还要运用对方思维方法进行分析判断，知己知彼才能百战不殆。2020年5月美国发布《美国对中华人民共和国战略方针》，阐述"定位中美关系性质是大国竞争；中美关系不设最终标准，根据'结果导向'原则来衡量好坏；美国未来与中国打交道将秉持施压原则，交易要求即时成果和建设性结果。"可见，美国对于当前中美关系具有清晰认识，明确定位大国竞争性质，需要现实经济利益，中国需要对等应对进行竞争，充分运用博弈策略尽量争取中国利益。

第四，重视经济发展。修昔底德陷阱，爆发形式可能是热战，可能是各个领域严重冲突摩擦，常规思维是大力增强军事实力。增强军事实力必不可少，但是经济基础是国富民强，苏联就是我们的前车之鉴，没有经济实力进行军备竞赛，结果导致国家解体。目前世界范围新冠肺炎疫情严重，中美贸易摩擦、科技战、金融战不断，总结起来解决问题都要依靠国家实力，保持经济稳定发展就是我们有力的武器。应对修昔底德陷阱，经济实力是最强武器。

第五，全盘考虑，长期化整体化谋划大局。当前及未来一段时间内美国都将继续成为世界最大经济体和综合实力最强国家，应对修昔底德陷阱将是一项长期化工程。经济总量上中国仅仅超过美国总量的60%，人均收入水平更是只有美国的1/6，科技实力、金融实力、军事实力等重要方面同样差距较大，因此，短期不能轻松解决修昔底德陷阱难题，应该做好长期奋斗准备。应对修昔底德陷阱，需要具有全局眼光考虑整体规划，不能盲目短视计较眼前得失。例如，抗疫期间中国面临自身疫情困难还是积极对外提供力所能及援助，协助较多国家共同应对艰辛局面，获得较高评价。随着疫情不断爆发世界逐渐出现关于中国不利声音，这些共同进行抗疫合作国家挺身而出理性发声，展现良好国际合作典范。

2. 应对修昔底德陷阱长期策略

合理确定应对修昔底德陷阱主要原则，制订长期应对策略就将水到渠成，当前需要发展军工、发展经济、积极参与构建国际治理体系。

第一，发展军工保和平。和平发展环境是经济建设的重要保证，但是和平发展环境不是别人主动给予的，是靠中国人民经过艰苦斗争换来的。抗美援朝战争树立中国光辉形象，两弹一星发射赢得世界尊重，一系列事件充分表明军事实力是经济建设的可靠保证。当前世界已经进入科技高速发展的时代，军事实力必须包含科技进步的因素，国防现代化成为中国实现现代化发展的重要内容。中国发展军事工业不是为了主动进行武力威胁甚至发动战争，提高军事实力就是寻求国家安全保障，为经济建设提供稳定环境。

第二，升级经济促发展。应对修昔底德陷阱的重要保障可以比喻成两只手，一只手是军事实力，另一只手就是经济实力。这里的经济实力是指广义的经济实力，是综合国力和国际地位的重要体现，是需要进行长期经济建设才能获得的经济实力，因此，这种经济实力是科技水平、创新能力、金融实力、人口素质等方面综合体现。提高这种经济实力是长期工程，需要重视实际经济增长率，提高潜在经济增长率。一方面，实际经济增长率基本达到本国潜在经济增长率水平，意味总需求与总供给大致平衡，经济总量与经济结构情况合理，经济发展情况较好；另一方面，潜在经济增长率反映国家发展能力，这种能力可以通过科技创新、产业升级、发展教育等措施提高，千方百计提高潜在经济增长率等于提高未来经济发展实力。

第三，积极融入国际社会，参与构建国际治理体系。当今世界具有开放性特征，通过积极参与构建国际治理体系，加强多边合作建立广泛国际统一战线，可以促进形成良好全球格局，有助于建立适合发展的全球政治经济外交环境，有助于适应国际交往规则。参与建立并积极融入重视发展的国际环境可以提高国际影响力，可以广交朋友得道多助，可以在应对修昔底德陷阱过程之中获得更多公正对待，例如，新冠肺炎疫情发生之后，中国积极帮助一些国家防疫抗疫，当别有用心国家责难之际，这些国家起到重要正面宣传作用。

三、货币政策再思考

国际范围内，国家主权货币地位决定了国家的地位，二者高度正相关。通过分析黑天鹅事件与修昔底德陷阱问题过程可见货币领域问题是影响宏观经济发展的重要因素，存在重大战略选择风险。货币领域理论与实践不断创新发展，亟须再次重点关注相关货币政策问题，分析探索货币政策对于经济增长和跨越中等收入陷阱的关键作用。货币政策对于宏观经济运行具有重要影响，与财政政策、产业政策等直接起效宏观政策不同，货币政策不是直接快速产生经济效果，需要一定传导机制，因此，货币政策的实施需要更加注意政策作用效果，多数陷入中等收入陷阱国家都曾经出现货币政策问题。

截至 2020 年 6 月，新冠肺炎疫情导致全球经济萎缩、世界贸易规模骤降、美国天量货币宽松等重大经济考验全部需要中国给出合格应对措施，货币政策是否适当对于中国经济发展事关重大，进而深刻影响跨越中等收入陷阱进程。

（一）货币非中性与货币政策

货币外生性与内生性界定对于货币政策具有重要影响，是政府采取何种货币政策影响经济发展的关键所在。当今世界主要国家具体经济形势与货币政策执行情况各不相同，从实际来看，多数国家明显倾向运用强势货币政策调控经济运行，货币供给具有明显非中性。政府是货币供应量的决策主体，但是主要决策依据还是应该根据经济运行实际情况进行确定。中国实行市场经济以来，货币政策作为调节经济发展重要手段一直在宏观调控过程中发挥重要作用，明显具有内生特性。在经济发展新常态下，高质量经济发展是工作的重中之重，货币政策必须适应本国现实，尽量减少对于经济发展的扰动，面向全球化提高决策水平，合理控制货币发行量并且做到精准投放。货币政策需要通过一系列货币政策工具对于市场起到调控作用，货币发行量调控是执行货币政策的重要手段，货币供给必须从根源上给予合理确定，进而科学地促进货币政策执行。①

---

① 王冬放，等. 中国货币内生性与新常态下货币政策应用 [J]. 华北电力大学学报（社会科学版），2015（3）：77 – 82.

1. 货币非中性分析

货币非中性即货币供应是经济发展的内生变量，即使没有商品与劳务的产出增加，政府货币政策引致的货币冲击也会对经济造成重要影响，因此货币政策的制定要科学规范。

货币流通理论是马克思主义经济学重要组成部分，货币流通公式可以表述为流通中的货币量等于社会全部商品价值除以货币流通次数，表明了货币供应量、社会商品价值与货币、商品流通之间关系，进而深刻反映了货币政策、社会生产、流通领域等经济发展过程中深层次因素的内在联系。其最基本的解释就是一定流通速度下货币发行总量与社会商品价值总量成比例关系，商品生产能力没有提高情况下货币超发将会导致物价上涨引起通货膨胀，说明货币对经济平稳运行发挥作用。

目前货币调控政策理论基础主要基于凯恩斯主义 IS－LM 曲线，是英国经济学家希克斯根据凯恩斯主义理论提出的，现今已经演变成为宏观经济调控理论重要基础。这一模型的基本思路是：IS 曲线反映利率与国民收入关系，曲线向右下方倾斜，并且曲线上每一点都代表投资与储蓄相等的组合，使得商品市场达到均衡；LM 曲线反映利率与国民收入关系，LM 曲线向右上方倾斜，曲线上每一点都代表货币需求与供给相等的组合，使得货币市场达到均衡。把 IS－LM 曲线放入以国民收入为横坐标、利率为纵坐标的体系中，二者的交点就代表了商品与货币市场均衡状态。并且，IS－LM 曲线的不同移动，代表了不同的财政政策与货币政策，影响国民收入的变化，调整经济的发展过程。因此，IS－LM 曲线移动轨迹表明政策不同作用方式，强烈改变国民收入的数值，影响经济发展过程。

改革开放以来，中国开始把经济建设作为工作重心，市场经济开始从无到有，货币政策运用逐步开始完善，货币政策与经济形势高度相关，经济形势影响货币政策制定，货币政策又以解决经济领域重大问题为目标，总体上具备几个明显特点：一是改革开放初始阶段并不存在货币政策运用空间，货币政策发挥作用是慢慢积累的，发展是一个渐进过程；二是中国货币政策运用事实上还是以凯恩斯主义为理论基础，并且常常与财政政策紧密结合；三是货币政策表述宏观层面上不存在大起大落，主基调以稳健为主，实际的货币供应量增加较快，典型指标 M2/GDP 数值处于世界主要经济体相对高位；四是货币供给与经济运行状况密切相关，二者发展变化情况互动强烈，货币非中性特征明显。

2. 非中性货币政策思考

货币非中性要求制定与执行货币政策需要充分考虑经济发展实际状况，货币政策需要对于总体经济发展起到促进作用，发展成果与经验同样反过来会进一步推动决策科学性、合理性，完善货币政策作用机制。当前，中国面临着新的国际国内形势，经济发展需要合理平衡增长速度与质量结构，新的情况要求制定与执行货币政策适应新的发展形势，货币非中性现实要求货币政策必须符合国家高质量经济发展战略。

第一，制定货币政策必须考虑货币对于经济运行的扰动，相机抉择与制度建设并重。货币非中性充分表明货币政策与经济发展相互影响，因此，制定与执行货币政策需要考虑货币对于经济运行的扰动，在对经济进行宏观调控基础上加强前瞻性预判。当前中国货币政策基本上都是以凯恩斯主义理论为基础、相机抉择原则为指导的，当经济形势面对较大冲击时，采取逆向操作办法可以相对较好熨平经济波动。面对新的经济发展情况，中国要适应新的要求，更加注重货币政策选择制度建设。为此，制定货币政策方面需要借鉴新的理论，汲取新制度主义经济学对于制度建设方面的阐述，充分重视制度建设在保障政策制定与执行过程中的重要作用，通过制度稳定政策，指导发展。同时，制定货币政策时，要对未来经济发展具有较为客观的理性预期，尽量减少主观方面的人为扰动因素，促使经济运行更加平稳流畅。因此，制定执行货币政策需要加强前瞻能力，进行理性预期，做好制度建设，根据情况适时进行相机抉择应对。

第二，加强决策指标体系建设，提高决策水平实现精细化管理。货币政策在中国宏观调控体系中发挥重要作用，存在进一步优化决策的空间，货币政策与经济发展密切联系，为经济发展服务，因此货币政策运用应该与经济发展相适应。当前，中国评价与衡量经济发展方面已经基本形成定性与定量分析指标体系，并且随着理论与实践不断深化这一体系构建越来越细，货币政策作为调控经济发展重要手段同样需要尽快加强细化决策指标体系建设。扩张、中性与紧缩的货币政策只是表明调整大方向，要使货币政策更能发挥重要作用，还要更加紧扣经济发展，定性政策方向确定与定量决策指标体系建设同等重要，这样才能促进货币政策与财政政策、产业政策等宏观经济政策紧密配合，货币政策工具更能直接指向调控客体，更好发挥调控效果。

第三，货币政策运用充分适应新常态经济发展形势，建立货币政策快速反应机制。货币政策是为国家宏观经济发展服务的，当前中国发展的现实就是经济新常态，货币政策必须适应高质量经济发展新情况。一是货币非中性决定需要合理投放货币供应量。新的发展形势要求经济发展适应国际国内客观情况，当前的重要任务之一就是"稳增长"，具体到货币政策，货币非中性要求科学决定货币供给数量与供给方式。"稳增长"存在两个方面含义：即增长和稳定，二者缺一不可。回顾以往货币调控政策，过去调控过程中货币政策基于实际情况无论是紧缩的还是扩张的，都起到逆风向调整作用，同时应该注意的是，常常是一个调控阶段刚刚结束又要立即开始下一阶段调整，货币政策促进了增长，但是稳定性不够。新常态下，运用货币政策进行宏观调控、利用货币供应促进经济发展需要加强政策前瞻性、长远性，适应经济总量合理确定货币供应。二是"调结构"决定货币投放更加精准。新的发展形势还要经济结构优化调整，这就要求货币政策也要适应这一发展需求，能够起到促进结构调整作用。经济结构优化调整需要对不同的产业采取不同政策，压缩淘汰"三高两低"、产能过剩等产业。运用货币政策调整经济结构要求货币供应、信贷支持、利率优惠等政策能够定向发挥作用，不能继续粗放式管理，提高货币定向传导效率，最终落实政策直达实际客体，并且加大金融监管力度，保证政策执行效果。三是经济全球化决定货币政策运用视野国际化。当今经济全球化已经成为大势所趋，因此经常项下和资本项下货币流动不可避免，必然要求货币政策运用要有国际化的视野，能够在保持国内经济稳健发展基础上平衡国际收支，推进汇率市场化并且在合理范围内浮动，减少国际热钱套利、冲击。同时，货币政策还要协同外贸政策、产业政策，解决好大量外汇占款导致的货币供给增多，消除通货膨胀隐患。中国由于"世界工厂"的国际地位产生巨额贸易顺差，形成大量外汇占款，为了平衡外汇占款人民银行不得不在国内投放相应本币进行对冲，造成国内货币供应加大，产生通货膨胀预期与事实。因此，货币政策必须要适应经济全球化，在加快推进利率、汇率市场化的同时，货币政策与财政、外贸、产业等政策相结合，提升国际产业链中的地位，着力促进人民币国际化，加大海外投资与并购力度，使得经济在内外平衡中保持新常态发展。

（二）货币发展变迁与货币政策

货币问题是经济发展和经济史研究的重要内容，货币政策是国家进行宏观调控的重要手段。货币不是天然存在的，具有渐进的产生与发展过程，在这个发展变迁的过程中发生了一系列质变，这些变化对于经济理论与经济发展产生了深远的影响。在近期发生的一系列重要事件中，凸显促进经济发展必须合理运用货币政策。①

1. 货币重要发展变迁

货币并不是随着人类经济行为中商品交换的产生发展而迅速产生发展的，相对于人类的经济行为，货币的产生发展有着漫长并且相对滞后的过程，在形式和内涵上有着一个渐进的发展完善变迁过程。

从人类自发开始进行自然经济行为到当前商品经济成果发达，货币形式可以划分为几个具有明显特征的阶段。一是自然货币阶段。人类最早的商品交换行为出现在原始社会末期产生少量剩余商品之后，交换的方式是物物交换。这一阶段货币形式是逐步向着有利于交易方向发展的，可以称为自然货币发展阶段。二是金属货币阶段。随着经济水平不断提高和商品交易迅速发展，在生产力水平达到相应程度时诞生金属货币。商品交换数量和速度快速发展，作为一般等价物的商品或贝壳类等自然货币远远不能满足现实需要，金银贵金属货币及铜制人工货币开始出现并发展，并且最终完全替代自然货币。三是纸币阶段。以金银铜等为代表的金属货币极大地促进了经济发展，但是伴随生产力的更大发展，特别是世界工业革命以来商品爆发式增长，金属货币生产及流通的局限性逐步凸显，纸币成为货币形式必然选择。四是当前纸币为主、新型货币、新型支付创新发展阶段。货币形式变迁是随着生产方式和商品经济的发展而发展的。近几十年来信息科技技术迅猛发展又产生了电子货币、数字货币等货币形式，并且银行卡、支票、移动支付等代替货币支付和流通的方式不断创新，在纸币保持主要货币形式情况下多种补充货币职能方式不断产生、创新、发展并保持勃勃生机。

伴随货币形式变迁和人们对货币认识的发展，货币政策同样在发展变化，变迁过程中国家开始逐步注重运用货币政策调控经济发展。纸币本位导致货币发行较少受到限制，纸币与贵金属价值对应消失，进而货币与商品价值被割裂，使得货币发行理论上不受任何限制，政府越来越习惯用货币政策干预宏观经济。从这一阶段开始至今，货币政策已经成为国家调控经济的重要手段，无论扩张、中性或紧缩的货币政策基本上都是根据国家对于经济形势判断进行运用，货币发行与调控再也不受商品价值限制，货

---

① 王冬放. 货币发展变迁与货币政策思考 [J]. 华北电力大学学报（社会科学版），2019（2）：69－75.

币成为决定商品价格的主动一方。明显例证就是不到百年时间每盎司黄金从布雷顿森林体系时 35 美元轻易突破 1000 美元，过去最高达到 1900 美元左右，以名义价格来看变化远超此前千年历史。

2. 货币发展变迁过程重要质变

货币产生发展是一个比较漫长的过程，货币政策的制定与运用也是慢慢发展成熟的过程，在此演进过程中，货币及货币政策在渐进量变中逐步发生了几个重要质变，对于理论与现实影响重大。

第一，货币数量的质变。在以物物交换形式存在的自然货币阶段，不存在真正意义上的商品经济，货币最主要的作用只是作为一般等价物执行价值尺度与流通手段，与现代相比在数量上非常小，重点是为了方便商品之间的等价交换。发展到贵金属作为货币的阶段，金属货币不仅方便流通，而且伴随着生产力水平不断提高货币供给量逐步加大，更加适配生产力发展，迅速放大的货币量对于经济增长起到重要推动作用。纸币产生和发展在货币数量方面不仅取得更大突破，同时也是货币史上一次重要质变，带来了经济发展面貌重大改变。当纸币发行数量有贵金属储备作为保障时，纸币总体数量还有较强控制；纸币发行失去对应贵金属货币作为背书，发行量可以无限放大，通货膨胀等金融现象开始变得更加频繁与剧烈。至此，货币完全从商品体系中分离出来，不再只是具有价值和使用价值的一种特殊商品，而成为国家强制发行的一种价值符号，可以作为一种经济手段管控国家经济运行。以电子货币等为代表的新型货币本质上还是纸币内涵延伸，只不过使用方式上更加方便，更加适合现代化的生产生活形式。

货币从具有价值和使用价值的特殊商品转变成为国家强制发行的价值符号，理论上货币数量变得可以无限发行，在货币数量与形式上完成了影响深远的重大质变。至此，货币数量在货币发展过程中产生爆炸式增长，数量级别呈现几何式突破，除了与流通中同样快速增加的商品数量相匹配完成价值尺度与流通手段职能外，对于经济发展和宏观调控的影响也越来越深。

第二，信用与金融的发展。伴随着货币形式与数量发展变化的过程，货币积累转化成为各种形式的资本，由此产生信用与金融发展，进而对经济增长起到极大推动作用。同时，在这一质变过程中，货币内涵逐步扩大化。

在自然货币与金属货币阶段，货币在充当价值尺度与流通手段的同时，自身也是一种特殊的商品，是作为一般等价物的商品，具有价值和使用价值。在这一阶段，商品经济不够发达，现代意义上的信用与金融几乎空白，信用与金融行为都是零散的和自发的，无法形成有效的现代信用及金融体系，因此，货币及货币政策对于经济发展的主动影响与调控能力较弱。纸币及衍生票据使用才真正促进信用及金融蓬勃发展，推动经济增长方式迈上一个新的台阶。这一阶段，货币数量比较充裕，引起各种资本职能产生分化，借贷资本成为一种重要资本形式。信用与金融的发展，加速了社会资本总体周转速度，提升了社会再生产效率，加快了经济发展的进程。同时，信用与金融的产生，促进了股份公司的产生，达到依靠资本积累无法完成的经济规模，使得社会再生产效率突飞猛进。伴随着货币、信用和金融之间相互促进发展过程，货币的内涵也逐步发生变化，货币含义产生扩大化，这种变化对于经济发展和宏观调控的理论与实际运行产生重要影响。

第三，国家管理经济职能的加强。货币发展变迁为国家运用货币政策进行宏观调控提供更加丰富的政策手段，通过这种工具，国家进行管理经济职能逐步得到加强。

在货币发展早期过程中，货币职能主要是价值尺度与流通手段，同时辅以支付手段、贮藏手段和国际货币等职能，国家对于货币发行量掌控能力较弱，运用货币政策管理经济职能不足。这一阶段主要还是运用支付与税收等财政手段影响经济运行，与当前综合运用财政政策和货币政策两种手段调控经济相比国家管理宏观经济能力存在较大差距。在贵金属作为货币和纸币价值与贵金属挂钩等阶段，国家可以在一定程度上控制货币发行量，但是这种控制具有很大局限性，货币发行总量总体上是受贵金属总量限制，国家不能完全无限制发行货币，因此，这个发展阶段货币政策对于国家宏观经济发展影响手段较少，国家运用货币政策调控经济发展对比当前状况差距较大。

以布雷顿森林体系崩溃为重要标志，货币发行量与贵金属总值完全脱离，理论上货币发行可以由国家更加自由进行控制。在此基础上，国家对宏观经济进行调控的手段更加丰富，调控力度更强。由此可见，在货币发展变迁过程中，无论正反两个方面，各个国家都在逐步加强运用货币政策进行经济管理，货币政策对于经济发展影响越来越大。

3. 货币变迁与货币政策思考

综上所述，货币产生发展具有客观历史规律，与现实经济状况密切相关，货币政策在国家宏观经济政策体系中具有重要地位，政策的制定与运用必须符合货币理论的客观规律，适当货币理论与货币政策对于当前宏观形势与经济发展继续具有重要影响。

第一，尊重经济规律，回归货币本质。马克思主义货币理论主要研究货币起源、货币本质、货币职能以及货币流通规律等方面，对于当前货币政策具有重要指导意义。马克思主义货币理论是以劳动价值论为基础，认为货币是从商品世界中分离出来固定充当一般等价物的特殊商品，同时具有价值和使用价值，体现着商品生产者之间社会生产关系，阐明货币的起源和本质。据此，货币从理论上看具有非中性，蕴含着社会劳动的价值，不能由国家中央银行随意决定货币发行量。马克思主义货币理论还对流通中货币量进行深入阐述，提出流通中货币量等于全部社会商品总量与商品价格的乘积除以货币流通速度；纸币是国家强制发行的价值符号，纸币发行总量同样必须服从货币流通量规律。根据这一理论，在货币流通速度相对稳定情况下货币发行量应该由社会生产价值总量决定，而不是反过来由货币决定社会生产全部商品价值，颠倒二者逻辑关系。货币政策是为社会生产和经济发展服务的，制定与执行货币政策应该服从于社会生产和经济发展，即社会生产和经济发展是目标，货币政策是实现目标的手段。因此，制定货币政策必须遵守经济发展规律，必须符合货币内在本质，脱离实际生产能力长期实施扩张货币政策必然扰乱经济发展，导致通货膨胀。

第二，制订长期规划，稳定政策预期。货币政策要服务于社会生产与经济发展，必须符合社会生产与经济发展总体规划，具有稳定的货币政策预期。经济社会中各个经济主体都会对货币政策进行自我判断，然后根据判断结果相应做出符合自身利益的理性选择，这种政策预期会影响决策主体经济行为，多个决策主体做出相似判断形成巨大合力就会产生重要经济后果。奥地利学派代表人物米塞斯认为，政府对于市场经济的直接干预特别是当政府运用货币政策的时候，会导致宏观经济形成波动。政府实行扩张性货币政策导致货币发行量较大的时候，较多的货币量会降低市场利率，企业融资成本降低，原来收益较低产业变得有利可图，刺激企业投资积极性加大投资。这种情况持续下去形成经济过热，政府将会实行逆风向政策紧缩货币供应量，这时全社会资金趋紧，投资效率降低社会消费不足，经济开始转向萧条。经济决策主体趋利本能通常放大这种趋势，形成经济过热或过冷起到推波助澜作用，对于国民经济持续稳定健康发展造成严重负面影响。因此，制订货币政策要有长期连续性规划，结合经济发展状况形成稳定货币政策预期，减少经济发展波动性与负面影响，促进宏观经济持续稳健发展。

第三，细化货币政策，适配经济结构。中国当前经济发展不仅有高速增长转向中高速增长问题，还有优化调整经济结构问题，制定与执行货币政策必须与这些问题相适应，起到积极促进经济结构优化调整作用。各种现实情况反映出货币供应量变化引起实际利率和产出水平等实际经济变量的调整与改变，货币非中性情况明显。从经济结构角度看，货币进入市场对于产业发展产生显著影响，在市场进行自发调节方面，市场出于追逐利益和获取先发优势目的，对于看好未来前景的产业会有更多投资进入这个方向，货币发行的存量与增量都会积极进入这些产业，大力推动这些产业的发展与扩张，有时甚至形成过热现象。由于货币供应流向影响经济实际运行，货币非中性特征明显，因此要求制定与实施货币政策过程中考虑资本趋利本能，细化货币政策实现精准投放，确保货币供应能够及时准确进入更加需要发展的产业，促进经济结构优化调整顺利进行。

（三）货币领域热点问题与对策思考

2020年是引人注目的年份，既是世界政治、经济、社会多方事件频发的一年，又是中国跨越中等收入陷阱历程关键突破之年。新冠肺炎疫情导致全球经济萎缩、世界范围投资贸易规模骤降、美国天量货币宽松冲击、各种新型货币跃跃欲试等重大经济问题都与中国货币政策息息相关，热点问题要求中国必须合理应对，货币政策合理运用成为促进经济发展重要举措，确保成功跨越中等收入陷阱。

1. 财政政策货币化思考

由于新冠肺炎疫情导致全球经济萎缩、世界范围投资贸易规模骤降、美国天量货币宽松冲击等各种负面原因叠加，中国2020年第一季度GDP罕见出现 -6.8% 的负增长，创下多年未遇严峻形势，甚至远超2008年国际经济危机时刻。为了迅速消除不利经济危机，积极宏观经济政策势在必行。对于采取积极的财政货币政策资金来源与政策主导等问题，学界产生不同观点，财政政策货币化成为热点。

财政政策货币化或者称为财政赤字货币化主要是现代货币理论提倡的理论观点，实质上还是关于财政政策与货币政策关系问题，特别是特定情况下哪种政策优先适用问题。现代货币理论主要观点是拥有主权货币国家对于国内债务不会违约，可以通过量化宽松政策为政府提供天量资金支持；财政政策更加有效，货币政策有时效果不佳，财政政策对比货币政策应该处于主导地位，通过调整财政收支来平衡总需求与总供给、控制通货膨胀、维持充分就业，由财政支出变化替代利率调整到达对于经济增长调控作用；政府债务增加风险是通货膨胀，可以通过税收调控过度支出导致的资源紧张和通货膨胀；财政政策具有经济自动稳定器效果，刺激经济发展时财政政策货币化是较优选择。

当前对于财政政策货币化问题，中国需要采取审慎态度对待，必须运用合理宏观调控政策促进经济发展渡过难关。面对经济形势总体困难，积极宏观扩张政策刺激经济增长是必然手段，然而对于财政政策货币化政策选择，需要认真分析论证。《中华人民共和国中国人民银行法》第二十九条明确规定：中国人民银行不得对政府财政透支，不得直接认购、包销国债和其他政府债券；并且第三十条规定：中国人民银行不得向地方政府、各级政府提供贷款，不得向非银行金融机构以及其他单位和个人提供贷款，但国务院决定中国人民银行可以向特定的非银行金融机构提供贷款的除外。据此，中国实施财政政策货币化必须解决法律层面问题。同时，中国当前总体情况优于其他主要经济体，从财政政策方面来看，中国政府债务率目前低于60%，一般预算赤字率低于3%，明显处于世界平均数值水平之下，进行扩张性刺激政策还有足够财政政策运用空间。因此，中国发行政府债务具有较好市场前景，商业银行和居民具有购买国债这种安全性资产意愿，并不存在国债发行需求缺失状况，当前无须中央银行直接进入一级市场进行购买。从货币政策方面来看，当前中国与欧美国家量化宽松情况存在明显差别：欧美主要国家普遍是负利率或者近似零利率情况，已经存在流动性陷阱，必须实行更加激进宏观刺激政策；中国目前存在较大利率政策运用空间，货币政策工具当前效果良好，没有出现货币政策工具失灵现象，货币政策必须作为重要宏观调控手段发挥应有作用。从财政政策和货币政策配合方面来看，根据长期宏观调控经验，财政政策与货币政策协调配合才能更好发挥宏观调控效果，突出二者某个方面就会影响总体宏观调控协调性。如果实施财政赤字货币化，人民银行直接从一级市场认购国债，等于减少基础货币投放，降低货币政策调控空间与力度；同时财政赤字货币化放松财政赤字约束，政府债务增长更加失去控制，为了降低偿债压力政府常常趋于降低利率，进而压缩中央银行利率工具发挥空间，更加导致财政政策压制货币政策，损害宏观调控政策效果。

基于中国自身实际情况，当前还是应该采取财政政策与货币政策协调配合共同发挥宏观调控作用的策略，继续实施"积极的财政政策要更加积极有为"与"稳健的货币政策要更加灵活适度"的宏观调控方针。面对经济困难，财政政策比较以往情况要实现扩张，特殊时期采取更高赤字率，借鉴以往经验配合发行特别国债，增加资金务必合理使用，确保资金使用精准到位，切实提高资金使用效率。财政支出方面，必须大力优化财政支出结构，基本民生支出只增不减，重点领域支出必须严格保障，一般性支出坚决压减，资金使用真正精打细算落到实处，提质增效。财政收入方面，真正减税降费、减租降息，切实减轻居民企业压力。稳健的货币政策要更加灵活适度，需要提高扩张性，对冲外部量化宽松冲击，各种货币政策工具综合运用，适当继续降低利率与存款准备金率，加大公开市场操作力度，提升广义货币供应量和社会融资规模。面对全球经济增长不确定性，要保持国际收支水平相对稳定和人民币汇率合理稳定，避免大起大落形成较大波动。

可见对于财政政策货币化问题需要结合国情与实际认真对待，关键是平衡发挥财政政策和货币政策协同作用，合理应对渡过难关。综合各种因素中国当前继续保持较强经济发展潜力，潜在经济增长率在世界主要经济体中处于前列，具有成功跨越中等收入陷阱发展能力。

2. 数字货币发展前瞻

历史与现实证明，一个国家主权货币在世界占有重要地位，这个国家一定在世界范围内具有重大影响力。研究数字货币开发应用，是具有前瞻性、主动性、创造性、关键性的工作，数字货币作为新兴事物，对于各个国家来讲当前都处于研究探索阶段，中国是经济后发国家，在数字货币领域能够实现弯道超车可以迅速提升主权货币国际地位，可以提高货币利用效率和货币政策调控能力，避免汇率波动冲击。这项任务对中国经济持续稳定发展意义重大，是成功跨越中等收入陷阱在货币应用方面的关键举措。

数字货币是货币领域与数字技术应用融合，当前没有完全确定的成功发展范式，如果能够取得创新突破，对于提升国际金融地位至关重要。中国人民银行试行的数字货币与当前流通领域中的人民币同样是法定货币，体现鲜明的国家意志：一是具有明确法定地位；二是发行信用由国家背书；三是发行主体是中国人民银行，确切体现了央行是发行的银行职能。因此，中国主权数字货币与移动支付、虚拟货币、机构发行数字货币具有本质区别。

中国当前移动支付主要代表是微信、支付宝，实质是基于人民币电子化支付手段，不是央行发行真正法定货币。这些新兴电子化支付手段重要特征就是必须绑定实名银行账户，支付手段需要通过绑定银行账户实现资金转移支付，在当前人民银行要求账户实名制管理约束下，不能实现匿名支付需求。

虚拟货币主要代表是比特币，最早兴起也是由比特币开始。从严格货币理论分析，比特币是基于区块链技术、采用分布式记账实现去中心化。所谓虚拟货币，本质上不是真正货币，比特币缺乏法定性，没有信用背书，没有法定发行机构，没有各国央行正式承认。

机构发行数字货币严格意义上同样不是法定货币，目前重要代表是脸书公司天秤币（Facebook Libra）。天秤币本质不是法定货币，1.0版本没有得到美国政府明确支持，随后自动更新到2.0版本，已经显现一定准货币雏形，如果未来能够得到美国政府支持与数字美元发行结合，潜在成为数字货币领域重要力量。天秤币1.0版本提出遵循匿名原则，借助脸书公司数以十亿级别客户基础目标成为无国界超主权货币，已经对美国货币主权产生挑战。在此前景不乐观情况下，脸书公司主动更新发布天秤币2.0版本，转向定位为结算币，避免挑战美国货币主权，开始由美联储挑战者角色转向为国家合作伙伴，借力提升自身发展前景。脸书公司具有强大技术基础和天量用户规模，美国政府具有国家信用和美元实力，二者可能出现合作，将在未来数字货币领域占据重要地位，并且有助于巩固当前美元国际地位。

中国经济规模目前占据世界经济总量1/6左右，但是人民币国际地位与此远远不能匹配，发展主权数字货币是弯道超车提升人民币国际地位的重要契机。人民币走向世界必将极大提高中国经济影响力，是中国把现实生产力转化为国家财富的关键举措，对于促进经济增长具有重要现实意义。一是主权数字货币可以提升社会经济运行效率。主权数字货币未来重要应用领域就是现金数字化和大额度收支，使用数字货币可以降低成本，提高效率。现金数字化可以大幅降低货币的制造成本，加快货币生产速度，消除假币使用条件，进行大额度收支不会增加额外运行成本，极大提高整个社会金融运转效率。并且数字货币可以在匿名状态下实现货币生产、记账、收支等过程实时数据采集，为货币发行、货币政策制定与实施提供追踪路径，相比纸质货币优势明显。二是主权数字货币可以影响货币政策效果。使用数字货币形式，改变基础货币、狭义货币、广义货币之间结构，可以降低基础货币数量增加存款准备金，相比纸币情况将会显著提高货币乘数。同时，数字货币有助于降低利率水平，提高公开市场操作精度，进而提升货币政策操作水平。三是主权数字货币可以促进国际结算能力提升，加快人民币国际化进程。当前在国际范围内人民币国际化进程处于关键期，数字货币可以充分提升结算效率，物理特性更加适合跨界流动，因此数字货币必将推动人民币国际化发展进程。正如国际美元地位是自身实力与SWIFT结算体系的有力结合，中国加强人民币国际化，既要提高人民币内在实力，又要推进形成国际公认货币结算体系。

发展中国主权数字货币，必须认真探索货币运行机制，完善货币领域相关理论，遵循经济运行客观规律。首先，确定中国数字货币清晰定位，运用法制化、制度化进行严格保证。主权数字货币是当前科技水平比较发达情况下的产物，但是货币发行机制未变，必须定位清晰，确定数字货币是纸币同等发展形式，不能模糊基础货币、狭义货币、广义货币之间界限，不能扩大数字货币应用场景，不能压制商业银行生存空间，进而影响货币政策运行。其次，发展主权数字货币需要厘清中央银行与商业银行、商业公司边界，坚守人民银行是发行的银行职能。央行是发行的银行，因此在中国发展主权数字货币过程中，必须坚守央行发行数字货币的职能，严格杜绝类似脸书公司发行天秤币情况，避免歧义影响数字货币未来运行。最后，发行主权数字货币必须确保国家信用背书，坚守央行是国家的银行职能。央行是国家的银行，央行发行主权数字货币是国家法定货币，数字货币等同于现今流通中纸币，这样对内可以保证数字货币效力，对外促进人民币国际化进程。

结论与展望

对比工业化革命以来世界经济二百多年的发展历程，结合借鉴其他国家跨越中等收入陷阱正反两个方面的经验与教训，中国当前通过合理应对发展中的风险，可以成功跨越中等收入陷阱。

第一，体制改革是经济增长的制度动力，必须通过持续改革促进经济发展。纵观中国改革开放以来经济高速增长的历程，通过不断的政治经济体制改革，极大促进了经济的高速增长与赶超发达国家的进程。因此，中国持续至今并一以贯之的改革可以继续保持经济增长的中高速度，极大支持成功跨越中等收入陷阱。

第二，实现新型工业化，不断提高城镇化水平是中国成功跨越中等收入陷阱的保证。对比麦迪森统计世界工业化以来的发展数据，进入高收入国家行列的经济体基本实现工业化，城镇化率普遍达到较高水平，中国在推动工业化与城镇化进程中可以保持经济较高幅度发展，最终进入高收入国家行列。

第三，完善收入分配与调整经济结构是国民经济保持健康的保证。中国不断努力实现共同富裕的过程可以持续保证需求侧的经济结构健康；通过创新驱动加强供给侧的供给能力与经济效率可以实现宏观经济总体平衡。稳定推进国民经济走向结构合理的宏观经济政策即使降低当前增长幅度，最终更加优化的经济结构可以保持长远发展，因此当前实施保持中高速经济增长政策有助于跨越中等收入陷阱。

第四，以国际化视角参与经济全球化，合理应对复杂政治经济问题，特别是前瞻性考虑国际金融危机。借鉴世界多个国家发展经验与教训，特别考虑到中国作为一个具有很大影响的政治与经济大国，通过采取合理的政治经济策略，中国已经有能力积极应对各种发展风险，保持经济持续增长最终跨越中等收入陷阱。

第五，具有前瞻眼界与大国思维，同时注重防范各种黑天鹅事件。伴随中国政治经济方面进步与国际影响力提高，一方面是全球地位不断提升，另一方面是面临外部环境日趋复杂，中国应该更加适应这些方面的问题，具有前瞻眼界与大国思维，发展国民经济。同时，鉴于发展过程中不确定性因素对于经济影响显著，防范各种黑天鹅事件必须有所准备，分门别类做好预案。

　　中国作为世界第一人口大国，经济总量位居世界第二，在促进经济持续稳定增长的过程中难以做到一帆风顺，因此对于成功跨越中等收入陷阱，必须考虑经济发展过程的复杂性与艰巨性，从理论与实践角度继续加强增长路径的探索，最终成功进入高收入经济体行列。

参考文献

一、著作文献

［1］印德尔米特·吉尔，霍米·卡拉斯．东亚复兴：关于经济增长的观点［M］．董志强，译．北京：中信出版社，2008．

［2］厉以宁，程志强，等．中国道路与跨越中等收入陷阱［M］．北京：商务印书馆，2013.

［3］蔡昉．避免"中等收入陷阱"——探寻中国未来的增长源泉［M］．北京：社会科学文献出版社，2012.

［4］中国（海南）改革发展研究院．未来中国的10年——中国如何跨越中等收入陷阱［M］．北京：中国经济出版社，2012.

［5］胡永泰，等．跨越"中等收入陷阱"：展望中国经济增长的持续性［M］．上海：格致出版社，2012.

［6］韦洛索，等．跨越中等收入陷阱：巴西的经验教训［M］．北京：经济管理出版社，2013.

［7］林岗，等．迈过"中等收入陷阱"的中国战略［M］．北京：经济科学出版社，2013.

［8］李文溥．跨越中等收入陷阱——增长与结构变迁（2011年全国博士生论坛暨宏观经济青年学者论坛论文选）［M］．北京：经济科学出版社，2012.

［9］李中建．规避"中等收入陷阱"风险的包容性体制构建研究［M］．北京：经济科学出版社，2013.

［10］北京大学中国国民经济核算与经济增长研究中心．2011中国经济增长报告：克服中等收入陷阱的关键在于转变发展方式［M］．北京：中国发展出版社，2011.

［11］郑秉文．中等收入陷阱：来自拉丁美洲的案例研究［M］．北京：当代世界出版社，2012.

［12］刘世锦．中国经济增长十年展望（2013—2022）［M］．北京：中信出版社，2012.

［13］马岩．中等收入陷阱的挑战及对策［M］．北京：中国经济出版社，2011．

［14］麦迪森．世界经济千年统计［M］．北京：北京大学出版社，2009．

［15］麦迪森．世界经济千年史［M］．北京：北京大学出版社，2003．

［16］凯恩斯．就业、利息和货币通论［M］．北京：商务印书馆，1999．

［17］萨缪尔森．经济学［M］．北京：商务印书馆，2012．

［18］熊彼特．经济发展理论［M］．北京：商务印书馆，1990．

［19］罗斯托．经济增长的阶段：非共产党宣言［M］．北京：中国社会科学出版社，2001．

［20］弗里德曼．最优货币量［M］．北京：华夏出版社，2012．

［21］艾慧．中国当代通货膨胀理论研究［M］．上海：上海财经大学出版社，2007．

［22］弗里德曼．价格理论［M］．北京：华夏出版社，2011．

［23］陆晓明．货币供给、货币需求与价格：西方货币数量论研究［M］．北京：北京大学出版社，1991．

［24］姚明霞．福利经济学［M］．北京：经济日报出版社，2005．

［25］库兹涅茨．各国的经济增长［M］．北京：商务印书馆，1999．

［26］马克思．资本论［M］．北京：人民出版社，2004．

［27］苏星．新中国经济史［M］．北京：中共中央党校出版社，1999．

［28］刘仲藜．奠基——新中国经济五十年［M］．北京：中国财政经济出版社，1999．

［29］杨德才．中国经济史新论（1949—2009）［M］．北京：经济科学出版社，2009．

［30］刘易斯．经济增长理论［M］．北京：机械工业出版社，2015．

［31］十八大报告辅导读本编写组．十八大报告辅导读本［M］．北京：人民出版社，2012．

［32］配第．配第经济著作选集［M］．北京：商务印书馆，1981．

［33］钱纳里．工业化和经济增长的比较研究集［M］．上海：格致出版社，2015．

［34］凡勃伦．有闲阶级论：关于制度的经济研究［M］．北京：中央编译出版社，2012．

［35］康芒斯．制度经济学［M］．北京：华夏出版社，2013．

［36］胡希宁．当代西方经济学概论（第五版）［M］．北京：中央党校出版社，2011．

［37］宋玉华．世界经济周期理论与实证研究［M］．北京：商务印书馆，2007．

［38］萨缪尔森．萨缪尔森谈失业与通货膨胀［M］．北京：商务印书馆，2012．

［39］高鸿业．西方经济学（第六版）［M］．北京：人民大学出版社，2014．

［40］李兴山．社会主义市场经济理论与实践［M］．北京：中央党校出版社，2004．

［41］肖兴志．产业经济学［M］．北京：中国人民大学出版社，2012．

［42］林毅夫．解读中国经济［M］．北京：北京大学出版社，2014．

［43］中国国际经济交流中心．中国经济分析与展望（2014—2015）［M］．北京：社会科学文献出版社，2015．

［44］李扬，张晓晶．论新常态［M］．北京：人民出版社，2015．

［45］中国社会科学院经济学部．解读中国经济新常态［M］．北京：社会科学文献出版社，2015．

［46］高铁梅．计量经济分析方法与建模［M］．北京：清华大学出版社，2009．

［47］古扎拉蒂，波特．计量经济学基础［M］．北京：中国人民大学出版社，2011．

［48］赵国庆．计量经济学［M］．北京：中国人民大学出版社，2012．

［49］刘巍．计量经济学软件EViews6.0建模方法与操作技巧［M］．北京：机械工业出版社，2011．

［50］魁奈．魁奈《经济表》及著作选［M］．北京：华夏出版社，2006．

［51］姚开建．经济学说史记［M］．北京：中国人民大学出版社，2011．

［52］亚当·斯密．国富论［M］．北京：商务印书馆，2014．

［53］贾康，苏京春．中国的坎：如何跨越"中等收入陷阱"［M］．北京：中信出版社，2016．

［54］徐强．中等收入陷阱跨越背景下工业化特征比较研究［M］．北

京：经济科学出版社，2017.

[55] 郑之杰. 中等收入陷阱：基于经济转型与社会治理的理解 [M].
北京：清华大学出版社，2018.

[56] 周绍杰，胡鞍钢. 中国跨越中等收入陷阱 [M]. 杭州：浙江人民
出版社，2018.

[57] 李梦凡. 跨越中等收入陷阱：基于政治经济学的路径 [M]. 北
京：社会科学文献出版社，2019.

[58] 潘恩阳. "中等收入陷阱" 的形成机制与跨越路径研究 [M]. 北
京：中国财政经济出版社，2019.

[59] 孙学工. 跨越 "中等收入陷阱"：东亚视角 [M]. 北京：社会科
学文献出版社，2016.

[60] 复旦发展研究院. China and Latin America：Paths to Overcoming the
Middle – Income Trap [M]. 北京：中国社会科学出版社，2019.

[61] 纳西姆·尼古拉斯·塔勒布. 反脆弱：从不确定性中受益 [M].
北京：中信出版社，2014.

[62] 纳西姆·尼古拉斯·塔勒布. 黑天鹅：如何应对不可预知的未来
[M]. 北京：中信出版社，2019.

[63] 格雷厄姆·艾利森. 注定一战：中美能避免修昔底德陷阱吗
[M]. 上海：上海人民出版社，2019.

二、期刊文献

[1] 胡鞍钢. 中国如何跨越中等收入陷阱 [J]. 当代经济，2010
(15)：7 – 8.

[2] 高伟. 中等收入陷阱假说 [J]. 人民论坛，2010 (19)：12 – 13.

[3] 徐康宁. 经济增长的收入 "门槛" 效应及其阶段特征——兼评
"中等收入陷阱" 之说 [J]. 东南大学学报 (哲学社会科学版)，2013 (1)：
37 – 42.

[4] 张平. 中等收入陷阱的经验特征、理论解释和政策选择 [J]. 国际
经济评论，2015 (6)：49 – 54.

[5] 江时学. 拉美现代化研究中的若干问题 [J]. 拉丁美洲研究，2011
(4)：14 – 23.

[6] 王一鸣. 中等收入陷阱的国际比较和原因分析 [J]. 现代人才，

2011 (2): 28 - 31.

[7] 马克. 高度警惕中等收入陷阱 [J]. 人民论坛, 2010 (19): 31.

[8] 林毅夫. 中国可以摆脱中等收入陷阱 [J]. 中国经济周刊, 2012 (43): 19 - 21.

[9] 江时学. "中等收入陷阱": 被 "扩容" 的概念 [J]. 国际问题研究, 2013 (2): 122 - 131.

[10] 仪明金, 郭得力, 王铁山. 跨越 "中等收入陷阱" 的国际经验及启示 [J]. 经济纵横, 2011 (3): 57 - 60.

[11] 朴馥永, 黄阳华. 以经济转型跨越 "中等收入陷阱" ——来自韩国的经验 [J]. 经济社会体制比较, 2013 (1): 1 - 11.

[12] 高杰, 何平, 张锐. "中等收入陷阱" 理论述评 [J]. 经济学动态, 2012 (3): 83 - 89.

[13] 曾铮. 马来西亚应对 "中等收入陷阱" 的经验和启示 [J]. 中国市场, 2010 (46): 8 - 10.

[14] 曾铮. 亚洲国家和地区经济发展方式转变研究——基于 "中等收入陷阱" 视角的分析 [J]. 经济学家, 2011 (6): 48 - 55.

[15] 王新文. 城市化发展的代表性理论综述 [J]. 济南市行政学院学报, 2002 (1): 25 - 29.

[16] 中国社会科学院经济体制改革 30 年研究课题组. 论中国特色经济体制改革道路 (上) [J]. 经济研究, 2008 (9): 4 - 15.

[17] 中国社会科学院经济体制改革 30 年研究课题组. 论中国特色经济体制改革道路 (下) [J]. 经济研究, 2008 (10): 26 - 36.

[18] 杨淑华, 朱彦振. 中国绕过 "中等收入陷阱" 的路径分析——基于经济发展驱动力视角 [J]. 当代经济科学, 2013 (5): 52 - 57, 125 - 126.

[19] 权衡, 罗海蓉. "中等收入陷阱" 命题与争论: 一个文献研究的视角 [J]. 学术月刊, 2013 (11): 86 - 96.

[20] 张德荣. "中等收入陷阱" 发生机理与中国经济增长的阶段性动力 [J]. 经济研究, 2013 (9): 17 - 29.

[21] 李月, 邸玉娜, 周密. 中等收入陷阱、结构转换能力与政府宏观战略效应 [J]. 世界经济, 2013 (1): 38 - 63.

[22] 郑秉文. "中等收入陷阱" 与中国发展道路——基于国际经验教训的视角 [J]. 中国人口科学, 2011 (1): 2 - 15, 111.

[23] 刘伟. 突破 "中等收入陷阱" 的关键在于转变发展方式 [J]. 上

海行政学院学报，2011（1）：4－11.

　　［24］蔡昉. 中国经济如何跨越"低中等收入陷阱"［J］. 中国社会科学院研究生院学报，2008（1）：13－18.

　　［25］刘波. 论中国如何逾越"中等收入陷阱"［J］. 兵团党校学报，2011（2）：56－58.

　　［26］魏之川. 中国如何跨越中等收入陷阱［J］. 天津经济，2011（4）：37－40.

　　［27］徐礼红. 中国应对"中等收入陷阱"的见解［J］. 社会科学家，2011（5）：106－109.

　　［28］周学. 经济大循环理论——破解中等收入陷阱和内需不足的对策［J］. 经济学动态，2010（3）：48－57.

　　［29］杨承训，张新宁. 制度优势：破解"中等收入陷阱"之本［J］. 思想理论教育导刊，2011（8）：58－64.

　　［30］乔俊峰. 跨越"中等收入陷阱"的公共政策因应：韩国做法及启示［J］. 改革，2011（8）：89－94.

　　［31］孙建波，张志鹏. 第三次工业化：铸造跨越"中等收入陷阱"的国家价值链［J］. 南京大学学报（哲学·人文科学·社会科学版），2011（5）：15－26，158.

　　［32］彭刚，彭忆欧. 中等收入陷阱的国际视角与中国对策［J］. 重庆社会科学，2011（10）：11－17.

　　［33］张璨琳. "中等收入陷阱"的综述［J］. 企业导报，2011（16）：93－95.

　　［34］孔泾源. "中等收入陷阱"的国际背景、成因举证与中国对策［J］. 改革，2011（10）：5－13.

　　［35］钱凯. 规避"中等收入陷阱"观点综述［J］. 经济研究参考，2011（48）：37－45.

　　［36］梅伟霞. 中国陷入"中等收入陷阱"的风险分析及战略应对［J］. 求索，2011（10）：58－60.

　　［37］马晓河. "中等收入陷阱"的国际观照和中国策略［J］. 改革，2011（11）：5－16.

　　［38］毛强. 中国跨越"中等收入陷阱"的阻碍因素与路径选择［J］. 石家庄经济学院学报，2011（6）：13－17.

　　［39］高世楫，卓贤. 发展中国家落入"中等收入陷阱"的原因分析和

启示 [J]. 理论学刊, 2011 (12): 33 - 37, 127 - 128.

[40] 蔡昉. "中等收入陷阱" 的理论、经验与针对性 [J]. 经济学动态, 2011 (12): 4 - 9.

[41] 马海涛, 任强, 冯鸿雁. 避免陷入 "中等收入陷阱" 的财税政策 [J]. 中央财经大学学报, 2014 (1): 13 - 19.

[42] 李润培. 中国跨越 "中等收入陷阱" 的动力机制与路径选择 [J]. 华南师范大学学报 (社会科学版), 2014 (2): 80 - 87.

[43] 代法涛. 跨越 "中等收入陷阱": 理论、经验和对策——基于 44 个国家的跨国实证分析 [J]. 财经研究, 2014 (2): 54 - 66.

[44] 蔡昉, 王美艳. 中国面对的收入差距现实与中等收入陷阱风险 [J]. 中国人民大学学报, 2014 (3): 2 - 7.

[45] 张林秀, 易红梅, 罗仁福, 刘承芳, 史耀疆, 斯科特·罗斯高. 中等收入陷阱的人力资本根源: 中国案例 [J]. 中国人民大学学报, 2014 (3): 8 - 18.

[46] 丁一兵, 傅缨捷, 曹野. 融资约束、技术创新与跨越 "中等收入陷阱"——基于产业结构升级视角的分析 [J]. 产业经济研究, 2014 (3): 101 - 110.

[47] 樊纲. 中等收入陷阱迷思 [J]. 中国流通经济, 2014 (5): 4 - 10.

[48] 贺大兴, 姚洋. 不平等、经济增长和中等收入陷阱 [J]. 当代经济科学, 2014 (5): 1 - 9, 124.

[49] 秦佳, 李建民. 人口年龄结构、就业水平与中等收入陷阱的跨越——基于 29 个国家和地区的实证分析 [J]. 中国人口科学, 2014 (2): 32 - 43, 126.

[50] 郭金兴, 胡佩选. 中等收入陷阱的经验证据、理论逻辑及其对中国经济的启示 [J]. 经济学动态, 2014 (1): 54 - 62.

[51] 周绍东, 钱书法. 拉美国家 "中等收入陷阱" 新诠释与再思考——基于 "劳动—分工—所有制" 框架的分析 [J]. 当代经济研究, 2014 (11): 13 - 19, 97.

[52] 赵净. 中等收入陷阱理论研究的新进展 [J]. 黑龙江社会科学, 2012 (1): 97 - 100.

[53] 张飞, 全毅. 避免 "中等收入陷阱" 的国际比较 [J]. 亚太经济, 2012 (1): 89 - 93.

［54］全毅．跨越"中等收入陷阱"：东亚的经验及启示［J］．世界经济研究，2012（2）：70 - 75，89.

［55］李炳炎．跨越"中等收入陷阱"与中国收入分配改革［J］．管理学刊，2012（1）：45 - 50，108.

［56］饶龙先，魏枫．转换增长方式：跨越中等收入陷阱［J］．哈尔滨工业大学学报（社会科学版），2012（2）：108 - 113.

［57］杨承训，张新宁．科学运用"两期论"把握阶段性特征——兼析"中等收入陷阱"论的非科学性［J］．政治经济学评论，2012（1）：93 - 104.

［58］倪国华，郑风田．通货膨胀与"中等收入陷阱"：家庭福利损失的视角［J］．经济理论与经济管理，2012（3）：36 - 47.

［59］陆万军．跨越中等收入陷阱：国际经验与实现路径［J］．经济经纬，2012（3）：17 - 21.

［60］赵培红．国内"中等收入陷阱"研究进展及展望［J］．当代经济管理，2012（6）：1 - 6.

［61］陈彩娟．借鉴日韩新发展经验：跨越"中等收入陷阱"［J］．未来与发展，2012（6）：39 - 43，38.

［62］李红艳，汪涛．中等收入陷阱的国际实证比较及对中国启示［J］．产经评论，2012（3）：111 - 122.

［63］马岩．中国面对中等收入陷阱的挑战及对策［J］．经济学动态，2009（7）：42 - 46.

［64］伍业君，王磊．比较优势演化、产业升级与中等收入陷阱［J］．广东商学院学报，2012（4）：23 - 30.

［65］陆万军．国际视野下的中等收入陷阱问题研究［J］．广东商学院学报，2012（4）：31 - 37.

［66］钱运春．西欧跨越中等收入陷阱：理论分析与历史经验［J］．世界经济研究，2012（8）：81 - 86，89.

［67］袁本涛．超越中等收入陷阱：韩国人力资源开发对中国的启示［J］．高等工程教育研究，2012（5）：59 - 68.

［68］李刚．"中等收入陷阱"与中国现实［J］．中国经济问题，2012（5）：3 - 12.

［69］蔡敏，周端明．"中等收入陷阱"研究文献述评［J］．政治经济学评论，2012（3）：185 - 198.

［70］郭正模.“中等收入陷阱”：成因、理论解释与借鉴意义［J］.社会科学研究，2012（6）：21－24.

［71］田春生，孙盼，郝玉彪.关于“中等收入陷阱”的文献研究［J］.国外社会科学，2012（6）：85－93.

［72］郭惠琳.马来西亚陷入“中等收入陷阱”的原因和政策应对［J］.亚太经济，2012（5）：96－100.

［73］李月，周密.跨越中等收入陷阱研究的文献综述［J］.经济理论与经济管理，2012（9）：64－72.

［74］李静.结构调整视角下中国突破“中等收入陷阱”的实证研究［J］.财经科学，2012（12）：57－64.

［75］周文，孙懿.中国面对“中等收入陷阱”问题的解构：本质、挑战与对策［J］.经济学动态，2012（7）：42－47.

［76］刘瑞娜.国内关于“中等收入陷阱”的研究述评［J］.管理学刊，2012（5）：39－42，52.

［77］中国银行国际金融研究所课题组，宗良.“中等收入陷阱”：中国的挑战与抉择［J］.经济研究参考，2012（68）：20－32，43.

［78］厉以宁.论“中等收入陷阱”［J］.经济学动态，2012（12）：4－6.

［79］王蕊，杜凤矫，汤建光.浅析中等收入陷阱背景下中国民营经济的发展与作用［J］.经济问题探索，2013（2）：1－9.

［80］周文，赵方.中国如何跨越“中等收入陷阱”：库兹涅茨假说的再认识［J］.当代经济研究，2013（3）：23－29，93.

［81］蔡昉.通过改革避免“中等收入陷阱”［J］.南京农业大学学报（社会科学版），2013（5）：1－8.

［82］雷达，张兆宇.还原真实的“中等收入陷阱”——“中等收入陷阱”的内生形成机制与外生性特征［J］.探索与争鸣，2013（7）：68－72.

［83］田娜，郑明基.韩国跨越“中等收入陷阱”的考察——基于全要素生产率的角度［J］.世界经济研究，2013（7）：81－89.

［84］清华大学社会学系社会发展研究课题组，孙立平.“中等收入陷阱”还是“转型陷阱”［J］.开放时代，2012（2）：125－145.

［85］张荣，张桂文.经济新常态下跨越“中等收入陷阱”的政策建议［J］.经济研究参考，2017（8）.

［86］姚树洁.中国跨越“中等收入陷阱”的经济理论及战略［J］.国际经济评论，2018（1）.

［87］袁宏恩．中国如何越过"中等收入陷阱"［J］．北方经贸，2020（4）．

［88］朱玉成．中国跨越"中等收入陷阱"和预防"高收入之墙"的政策创新研究［J］．社会科学，2020（4）．

［89］张彬．我国"中等收入陷阱"影响因素实证分析——基于韩国的成功经验［J］．上海市经济管理干部学院学报，2020（5）．

［90］郭金兴，包彤，曹亚明．中等收入陷阱有关争论及其对中国经济的启示［J］．江淮论坛，2020（5）．

［91］王冬放，等．中国货币内生性与新常态下货币政策应用［J］．华北电力大学学报（社会科学版），2015（3）：77－82．

［92］王冬放．货币发展变迁与货币政策思考［J］．华北电力大学学报（社会科学版），2019（2）：69－75．

三、学位论文

［1］关丽洁．"中等收入陷阱"与中国经济发展战略［D］．吉林大学博士学位论文，2013．

［2］杨丽．收入分配与中等收入陷阱的关系研究［D］．南开大学博士学位论文，2013．

［3］毛强．中国跨越"中等收入陷阱"问题研究［D］．首都师范大学硕士学位论文，2013．

［4］郭康．中国跨越中等收入陷阱的路径研究［D］．山西大学硕士学位论文，2013．

［5］秦佳．中等收入陷阱：理论、经验与中国发展道路［D］．南开大学博士学位论文，2014．

［6］孙琦峰．中国进入高收入国家行列的路径研究［D］．北京交通大学博士学位论文，2015．

［7］傅缨捷．中等收入国家产业结构优化的影响因素［D］．吉林大学博士学位论文，2015．

［8］严思屏．中国跨越"中等收入陷阱"进程中的消费率研究［D］．福建师范大学博士学位论文，2013．

［9］柳勇．有效资本积累与跨越"中等收入陷阱"［D］．南开大学博士学位论文，2012．

［10］李玲玲．收入差距、有效需求不足与经济增长放缓［D］．暨南大学博士学位论文，2013．

［11］高丹．"中等收入陷阱"的跨越［D］．厦门大学硕士学位论文，2014．

［12］迟源源．"中等收入陷阱"评价指标体系的构建与中国的实证分析［D］．河北经贸大学硕士学位论文，2014．

［13］王倍倍．中国全要素生产率与跨越"中等收入陷阱"［D］．新疆大学硕士学位论文，2018．

［14］陈琪．中等收入陷阱的识别与影响因素研究——基于经济增长角度的分析［D］．南京大学硕士学位论文，2018．

［15］潘恩阳．人力资本积累、企业创新在跨越中等收入陷阱中的作用研究［D］．首都经济贸易大学博士学位论文，2018．

［16］王曼莉．经济增长的多重均衡、国家竞争空间与"中等收入陷阱"［D］．武汉大学博士学位论文，2018．

四、外文文献

［1］Xudong Chen, Guoqiang Tian. The Nature and Avoidance of the "Middle Income Trap". Frontiers of Economics in China, 2014, 9: 347 – 369.

［2］Riad A. Ajami. The Middle-Income Trap and Asian Markets. Journal of Asia-Pacific Business, 2011, 12: 313 – 315.

［3］Barry Eichengreen. Is the middle-income trap about to be sprung? International Affairs Forum, 2013, 4: 1 – 2.

［4］Nazrul. Will Inequality Lead China to the Middle Income Trap? Frontiers of Economics in China, 2014, 9: 398 – 437.

［5］Kohli, Harpaul Alberto, Mukherjee, Natasha. Potential Costs to Asia of the Middle Income Trap. Global Journal of Emerging Market Economies, 2011, 3: 291 – 311.

［6］Sharma, Shalendra D. The Middle-Income Trap: Some Asian Experiences and Lessons. Asia Pacific World, 2013, 4: 19 – 28.

［7］Anders C. Johansson, Xiaobo Zhang. Inequality, growth and the middle-income trap in China. China Economic Review, 2014, 31: 365 – 366.

［8］Sarah Chan. Breaking the middle income trap: challenges for

Indonesia. Journal of Asian Public Policy, 2014, 7: 306 – 317.

［9］Nazrul Islam. Will Inequality Lead China to the Middle Income Trap? Frontiers of Economics in China, 2014, 9: 398 – 437.

［10］Yao Zhizhong. How Can China Avoid the Middle Income Trap? China & World Economy, 2015, 23: 26 – 42.

［11］Fang Cai. Is There a "Middle-income Trap"? Theories, Experiences and Relevance to China. China & World Economy, 2012, 20: 49 – 61.

［12］Nag, Rajat M. Avoiding Middle-income Trap-Infrastructure and Financing in the Context of Avoiding Middle-Income Trap. Indonesian Quarterly, 2011, 39: 283 – 288.

［13］Esteban Pérez Caldentey. Income Convergence, Capability Divergence, and the Middle Income Trap: An Analysis of the Case of Chile. Studies in Comparative International Development, 2012, 47: 185 – 207.

［14］Yanrui. Productivity, Economic Growth and the Middle Income Trap: Implications for China. Frontiers of Economics in China, 2014, 9: 460 – 483.

［15］Eva Paus. Confronting the Middle Income Trap: Insights from Small Latecomers. Studies in Comparative International Development, 2012, 47: 115 – 138.

［16］Wing Thye Woo. China meets the middle-income trap: the large potholes in the road to catching-up. Journal of Chinese Economic and Business Studies, 2012, 10: 313 – 336.

［17］Randall Peerenboom. China and the middle-income trap: toward a Post Washington, Post Beijing Consensus. The Pacific Review, 2014, 27: 651 – 673.

［18］Yanrui Wu. Productivity, Economic Growth and the Middle Income Trap: Implications for China. Frontiers of Economics in China, 2014, 9: 460 – 483.

［19］Le Mare, Ann, Promphaking, Buapun, Rigg, Jonathan. Returning Home: The Middle – Income Trap and Gendered Norms in Thailand. Journal of International Development, 2015, 27: 285 – 306.

［20］Kenichi Ohno. Avoiding the Middle-Income Trap: Renovating Industrial Policy Formulation in Vietnam. ASEAN Economic Bulletin, 2009, 26: 25 – 43.

［21］Linxiu Zhang, Hongmei Yi, Renfu Luo, Changfang Liu, Scott Rozelle. The human capital roots of the middle income trap: the case of China.

Agricultural Economics, 2013, 44: 151 – 162.

[22] Fang Cai. The Coming Demographic Impact on China's Growth: The Age Factor in the Middle-Income Trap. Asian Economic Papers, 2012, 11: 95 – 111.

[23] Jin Zeng, Yuanyuan Fang. Between poverty and prosperity: China's dependent development and the "middle-income trap". Third World Quarterly, 2014, 35: 1014 – 1031.

[24] Inui, Tomohiko. Comment on "Escaping the Middle – Income Trap in Southeast Asia: Micro Evidence on Innovation, Productivity, and Globalization". Asian Economic Policy Review, 2015, 10: 150 – 151.

[25] Lee, Cassey, Narjoko, Dionisius. Escaping the Middle – Income Trap in Southeast Asia: Micro Evidence on Innovation, Productivity, and Globalization. Asian Economic Policy Review, 2015, 10: 124 – 147.

[26] Ogundiran Soumonni. Schumpeterian Analysis of Economic Catch-up: Knowledge, Path-creation, and the Middle-income Trap. African Journal of Science, Technology, Innovation and Development, 2014, 6: 159 – 161.

[27] Derong Zhang. The Mechanism of the Middle Income Trap and the Potential Factors Influencing China's Economic Growth. Frontiers of Economics in China, 2014, 9: 499 – 528.

[28] Kaur, Manjinder. Book Review: Keun Lee. 2013. Schumpeterian Analysis of Economic Catch-up: Knowledge, Path-creation and Middle-Income Trap. Millennial Asia, 2015, 6: 101 – 104.

[29] Keun Lee, Shi Li. Possibility of a Middle Income Trap in China: Assessment in Terms of the Literature on Innovation, Big Business and Inequality. Frontiers of Economics in China, 2014, 9: 370 – 397.

[30] Guanzhong James Wen, Jinwu Xiong. The Hukou and Land Tenure Systems as Two Middle Income Traps—The Case of Modern China. Frontiers of Economics in China, 2014, 9: 438 – 459.

[31] Kharas Homi, Kohli Harinder. What Is the Middle Income Trap, Why do Countries Fall into It, and How Can It Be Avoided? Global Journal of Emerging Market Economies, 2011, 3: 281 – 289.

[32] Jonathan Rigg. Personalizing the Middle-Income Trap: An Inter-Generational Migrant View from Rural Thailand. World Development, 2014, 59:

184 – 198.

[33] Intarakumnerd, Patarapong. Comment on "Escaping the Middle-Income Trap in Southeast Asia: Micro Evidence on Innovation, Productivity, and Globalization". Asian Economic Policy Review, 2015, 10: 148 – 149.

[34] Murat, Yulek. On the Middle Income Trap, the Industrialization Process and Appropriate Industrial Policy. Journal of Industry, Competition and Trade, 2017, 9.

[35] Justin, Yifu Lin, Yong Wang. Structural Change, Industrial Upgrading, and Middle-Income Trap. Journal of Industry, Competition and Trade: From Theory to Policy, 2020, 6.

[36] Linda Glawe, Helmut Wagner. China in the middle-income trap? China Economic Review, 2020, 4.

[37] World Bank. World Bank Country and Lending Groups. http: // datahelpdesk. worldbank. org/.

[38] World Bank. How does the World Bank classify countyies? http: // datahelpdesk. worldbank. org/.